Daniel Schniering

Kinder- und Jugendarmut in Deutschland

D1664740

Daniel Schniering

Kinder- und Jugendarmut in Deutschland

Grundlagen, Dimensionen, Auswirkungen

VDM Verlag Dr. Müller

Bibliografische Information der Deutschen Bibliothek:
Die Deutsche Bibliothek verzeichnet diese Publikation in der Deutschen
Nationalbibliografie; detaillierte bibliografische Daten sind im Internet
über <http://dnb.ddb.de> abrufbar.

Copyright © 2006 VDM Verlag Dr. Müller e. K. und Lizenzgeber.
Alle Rechte vorbehalten. Saarbrücken 2006.
Kontakt: info@vdm-buchverlag.de
Covergestaltung: Jana Kiesendahl
Quelle des Umschlagbildes: www.Photocase.com
Herstellung: Schaltungsdienst Lange o.H.G, Berlin

Erfolgt im Text zugunsten einer besseren Lesbarkeit keine explizite
Differenzierung zwischen der weiblichen und der männlichen Form, so
sind dennoch stets beide gemeint.

ISBN   3-86550-210-5

Inhaltsverzeichnis Seite

1. Einleitung

In der vorliegenden Arbeit beschäftige ich mich mit dem Thema der Kinder- und Jugendarmut in Deutschland. Ich bin im Rahmen einer Diplomprüfung auf das Problem der Heranwachsenden in Armut aufmerksam geworden und habe mich, nachdem ich einige andere Themen wieder verworfen habe, relativ schnell für diese Materie entschieden. Ein Grund dafür ist die aktuelle Brisanz dieser Thematik. Kinder und Jugendliche bilden mittlerweile die gesellschaftliche Gruppe, die am häufigsten von Armut betroffen ist. Gleichzeitig verfügen diese Kinder und Jugendlichen über wenige Möglichkeiten, etwas gegen ihre prekäre Situation zu tun. Des weiteren habe ich zweimal während der Sommerferien mit Kindern aus einem sozialen Brennpunkt in Dortmund gearbeitet und hatte so die Möglichkeit, von Armut betroffene Kinder näher kennen zu lernen. Diese Erfahrungen haben mein Interesse geweckt, die Bedingungen, in denen diese Kinder und Jugendlichen leben, näher zu untersuchen und herauszufinden, was man über die Lebenssituation dieser gesellschaftlichen Gruppe weiß.

Armut im Kindes- und Jugendalter tangiert viele Lebensbereiche der Betroffenen. In dieser Arbeit möchte ich der Frage nachgehen, in welcher Form und in welchem Ausmaß die Heranwachsenden mit minimalen materiellen Ressourcen im Bereich Schule benachteiligt sind. Haben diese Kinder und Jugendlichen geringere Möglichkeiten auf eine gute Schulbildung? Sind die schulischen Leistungen der Kinder durch ein Aufwachsen in Armut beeinträchtigt? Und wie gestaltet sich der Alltag in der Schule für die Kinder und Jugendlichen am unteren Ende der Sozialpyramide?
Auf diesen Schwerpunkt der Kinder- und Jugendarmut konzentriere ich mich ganz bewusst. Die eingeschränkten Teilhabemöglichkeiten am Bildungssystem können für die Betroffenen weitere Benachteiligungen implizieren. Überdies stellt die Schulbildung der Kinder und Jugendlichen eine wesentliche Grundlage für ihre weitere Zukunft dar. Zusätzliche Bedeutsamkeit erhält diese Themenstellung, da Armut vor allem Kinder und Jugendliche im Schulalter berührt. Demgemäß stellt der Gegenstand Bildungsarmut einen besonders elementaren Aspekt der Kinder- und Jugendarmut dar.
Der Aufbau der vorliegenden Arbeit gestaltet sich wie folgt:

Zunächst werde ich verschiedene Armutsbegriffe vorstellen um aufzuzeigen, was Armut in Deutschland eigentlich ist.
Anschließend werden die in der Bundesrepublik gültigen Konzepte, mit denen die Armut in Deutschland gemessen wird, dargestellt.
Um mich dem Thema der Kinder- und Jugendarmut anzunähern, stelle ich als nächstes die gesellschaftlichen Gruppen vor, die aktuell am stärksten vom Risiko Armut betroffen sind. Im Anschluss daran stehen die Heranwachsenden im Mittelpunkt.
Ich berichte, in welchem Ausmaß Kinder und Jugendliche von Armut betroffen sind und was für Auswirkungen ein Aufwachsen in Armut nach sich ziehen kann.
Darauffolgend werden die eingeschränkten Bildungsmöglichkeiten der von Armut betroffenen Kinder und Jugendlichen beleuchtet, und ich untersuche, in welcher Form die Heranwachsenden durch die prekäre finanzielle Lage ihrer Familie im Bereich Bildung benachteiligt sind.
Enden möchte ich mit einem positiven Fallbeispiel einer jungen Frau, die es trotz Armut und weiterer massiver Probleme aus eigener Kraft geschafft hat, der Armut zu entrinnen.

In der vorliegenden Arbeit habe ich bei der Verwendung geschlechtsspezifischer Wortformen zwecks eines einheitlichen und übersichtlichen Textbildes ausschließlich die männliche Form gewählt. Es sei ausdrücklich betont, dass mit dieser Entscheidung selbstverständlich keinerlei geschlechtlich bedingte Diskriminierung beabsichtigt ist.

2. Armut in Deutschland

In Deutschland, einer hoch entwickelten Industrienation, von Armut zu sprechen, kann bei dem einen oder anderen Verwunderung auslösen. Auch könnte man annehmen, durch unser ausgeprägtes System der sozialen Sicherung sei das Risiko der Armut aus unserer Gesellschaft nahezu verbannt. Doch gibt es auch in der Bundesrepublik Menschen, die von Armut bedroht oder betroffen sind. Dies wird verständlicher, wenn man den Begriff der Armut in Deutschland näher erläutert. Es gibt verschiedene Ansätze, Armut zu messen, und je nach Methode gelangt man zu unterschiedlichen Ergebnissen und zu verschiedenen Risikogruppen (Piachaud, 1992).

2.1 Absolute Armut und relative Armut

„Zunächst ist zwischen absoluter und relativer Armut zu unterscheiden:

Absolute Armut liegt vor, wenn Personen nicht über die zur Existenzsicherung notwendigen Güter wie Nahrung, Kleidung und Wohnung verfügen und ihr Überleben gefährdet ist. Diese am *physischen Existenzminimum* gemessene Form von Armut dominiert nach wie vor in vielen Staaten der „Dritten Welt", ist aber in Deutschland wie auch in den anderen Industriestaaten weitestgehend überwunden.

Die *relative Armut* wird auf Raum und Zeit bezogen, sie bemisst sich am konkreten, historisch erreichten Lebensstandard einer Gesellschaft. Armut liegt in Deutschland nach diesem Verständnis dann vor, wenn Menschen das *sozial-kulturelle* Existenzminimum unterschreiten. Es geht um die Lebenslage der Bevölkerung am untersten Ende der Einkommens- und Wohlstandspyramide im Verhältnis zum allgemeinen Einkommens- und Wohlstandsniveau. Armut ist der extreme Ausdruck *sozialer Ungleichheit.*" (Bäcker u.a., 2000, S.232).

Der Begriff der absoluten Armut bezeichnet folglich jene Menschen, welche in solch prekären Bedingungen leben müssen, dass ihre Existenz in hohem Maße gefährdet ist. Sie haben häufig kein Dach über dem Kopf, und ihnen fehlt die Versorgung mit lebensnotwendigen Dingen in allen Bereichen des Lebens. In der Regel sind sie auf Almosen von ihren Mitbürgern angewiesen, um überleben zu können. Einig ist man sich folglich darüber, dass in Deutschland die radikale Form der absoluten Armut, wie sie in den ersten Jahren nach dem Krieg vorkam, kein gesellschaftlich relevantes Thema mehr ist. Zwar gibt es auch in der Bundesrepublik noch Menschen, die in absoluter Armut leben, beispielsweise die etwa 900.000 Obdachlosen und ca. 50.000 Straßenkinder (Klocke & Hurrelmann, 2001). Diese Randgruppen werden jedoch in den Armutsstudien nahezu ausgeblendet. Das es in einem hoch entwickelten Land wie der Bundesrepublik noch Menschen gibt, die in solch schlimmen Verhältnissen (über)leben müssen, so dass jedes Jahr während der Wintermonate Wohnungslose in unseren Großstädten erfrieren, halte ich für sehr bedenklich. Vor allem da in unserer Gesellschaft der Wohlstand ständig steigt, und so die Kluft zwischen den Armen und Reichen unaufhörlich wächst. Diesen Menschen, welche unter absoluten Armutsbedingungen existieren müssen, schenkt der Grossteil der Bevölkerung kaum Beachtung. Sie werden aus den Innenstädten und Einkaufszonen vertrieben und nach dem Motto „aus den Augen aus dem Sinn" an den Rand unserer Gesellschaft gedrängt.

Wenn man in Deutschland von Armut spricht, ist damit also in der Regel relative Armut gemeint. Das bedeutet, das Überleben der Betroffenen ist zwar nicht bedroht, aber diese Menschen können durch ihre Armutssituation nicht in dem Maße am gesellschaftlichen, kulturellen und sozialen Leben teilhaben wie der Durchschnitt der Bevölkerung. Ihre Menschenwürde ist bedroht, und sie müssen unterhalb oder an der Grenze des soziokulturellen Existenzminimums leben. Diese Menschen sind also arm in Relation zu dem, was gerade in der Gesellschaft als Minimum angesetzt ist. Diese Minimalgrenzen werden mit dem Wandel der Gesellschaft immer neu festgelegt. Innerhalb dieses Armutsbegriffs gibt es verschiedene Kriterien, nach denen die Armut bestimmt werden kann.

2.2 Der Ressourcenansatz

„Gemeinhin wird Armut als eine Unterausstattung mit Ökonomischen Mitteln verstanden. Abgestellt wird bei diesem *Ressourcenansatz* auf die Verfügung über Einkommen und Vermögen. Personen bzw. Haushalte befinden sich in Armut, wenn ihr Einkommen nicht ausreicht, um die Güter und Dienstleistungen, die zur Abdeckung des sozial-kulturellen Existenzminimums erforderlich sind, zu kaufen." (Bäcker u.a., 2000, S.232).

Die Unterausstattung mit nicht monetären Ressourcen (z. B. Ergebnisse hauswirtschaftlicher Produktion) werden in empirischen Arbeiten selten berücksichtigt. Dieser eindimensionale Ressourcenansatz betrachtet demnach die monetäre Versorgung der Menschen und beschreibt die Personen oder Haushalte als arm, deren Einkommen unter eine gewisse Armutsgrenze fällt. Um die Grenzen der relativen Einkommensarmut zu bestimmen und somit auch die Höhe des soziokulturellen Existenzminimums, gibt es in Deutschland verschiedene Ansätze. Diese beziehen sich auf den relativen Abstand zum Durchschnittseinkommen von Haushalten mit gleicher Personenzahl (Geißler, 2002).

„Als relativ arm werden Personen oder Haushalte charakterisiert, deren verfügbares Einkommen unterhalb eines bestimmten Prozentsatzes des durchschnittlichen Nettoeinkommens liegt. Der jeweilige Einkommensbetrag wird als relative Einkommensarmutsgrenze bezeichnet. In den Sozialwissenschaften werden Grenzen in Höhe von 40%, 50% und 60% verwendet." (Hauser & Hübinger, 1993, S.53).

2.3 Die Sozialhilfe als Armutsindikator

Ein Weg der Armutsbestimmung erfolgt über den Bezug von Sozialhilfe. Dies ist gleichzeitig die härteste Definition. Wenn Menschen nicht mehr aus eigener Kraft oder durch Unterstützung eines informellen Netzwerkes in der Lage sind, das soziokulturelle Existenzminimum zu erreichen, haben sie Anspruch auf Sozialhilfe. Gemäß dem BSHG liegt die Sozialhilfegrenze bei etwa 40% des durchschnittlichen Haushaltsnettoeinkommens. „Der Mindestbedarf, der durch die Sozialhilfe garantiert wird, lässt sich also als die **politisch festgesetzte Armutsgrenze** ansehen." (Geißler, 2002, S. 247). Für die Bundesregierung fallen die Sozialhilfeempfänger in die Kategorie der bekämpften Armut. Aus ihrer Sicht ist Armut in Deutschland kein feststehendes Problem, da jeder Mensch, bei dem Bedürftigkeit nachgewiesen werden kann, ein Recht auf staatliche Unterstützungsleistungen hat (Klocke & Hurrelmann, 2001). Fraglich ist, ob das soziokulturelle Existenzminimum durch die Sozialhilfe in einem menschenwürdigen Maße gewährleistet ist. Haben Menschen, die mit laufender Hilfe zum Lebensunterhalt (HLU) auskommen müssen, ausreichende Möglichkeiten zur Teilhabe am gesellschaftlichen Leben? „Besonders schwierig ist es, die Mindeststandards für die Bedarfsgüter des täglichen Lebens sowie für das notwendige Maß der sozialen Teilhabe zu bestimmen: Gehört die Ausstattung mit Fernsehen und Telefon zum Mindeststandard? Ist für die Teilhabe am Leben heute ein Auto erforderlich? Welche Bekleidungsstandards müssen Kindern anerkannt werden, um ihre Ausgrenzung zu verhindern? (Bäcker, 2000, S. 233).

Meiner Ansicht nach, kann der Empfang von Sozialhilfe durchaus mit Armut gleichgesetzt werden. Bezieht man zum Beispiel die oben zitierten 40 Prozent des durchschnittlichen Haushaltseinkommens, so können die Lebensverhältnisse nicht als gesichert bezeichnet werden. Die Betroffenen sind im täglichen Leben durchaus eingeschränkt. Die immerwährenden Geldsorgen, die bei Sozialhilfeempfängern oft zum Alltag gehören, wirken sich auf die Lebenszufriedenheit und die Handlungsmöglichkeiten der Bedürftigen aus. Zusätzlich ist mit dem Empfang von Sozialhilfe ein sozialer Abstieg verbunden. Auch heute noch werden Sozialhilfeempfänger im täglichen Leben stigmatisiert und sozial isoliert. Sie gelten als arbeitsscheu oder als Drückeberger, wenngleich diese Vorurteile angesichts der hohen Arbeitslosenquote in Deutschland und durch die Tatsache, dass Armut längst kein marginales Problem mehr ist, zurück gehen dürften. Heute nimmt die Arbeitslosigkeit und die damit immer häufiger verbundene Armut verstärkt Einzug in die Haushalte mittlerer Einkommenskategorien. Die steigende Zahl der Sozialhilfeempfänger und die gleichzeitige Zunahme von Haushalten mit gehobenem Einkommen führt zu einer immer größer werdenden Scherenentwicklung in Deutschland.

Von 1980 bis 1992 hat sich die Zahl der Sozialhilfeempfänger mehr als verdoppelt, und die Haushalte mit einem monatlichen Einkommen von 10.000 DM und mehr haben sich nahezu verfünffacht (Huster, 2003).

Ein weiteres erschreckendes Problem ist die hohe Dunkelziffer der Sozialhilfe. Hiermit sind die Menschen gemeint, die zwar einen Anspruch auf Sozialhilfe haben, diesen aber aus Unwissenheit oder Scham nicht geltend machen. Viele der Bedürftigen möchten auch vermeiden, dass durch die subsidiäre Art der Sozialhilfe ihre Kinder zu Unterstützungsleistungen herangezogen werden. Hauser, Cremer-Schäfer und Nouverné (1981) bezeichnen diese „verdeckte Armut" oder „latente Armut" als schlimmste Form der Armut in Deutschland. Es ist davon auszugehen, dass weniger als die Hälfte aller Anspruchs-

berechtigten diesen auch wahrnehmen (Geißler, 2002). Wenn man bedenkt, dass Ende des Jahres 2002 rund 2,7 Millionen Menschen Sozialhilfe (HLU) empfangen haben (Internet 1), so lebte gleichzeitig eine etwa gleich große Gruppe von Menschen in
Deutschland, die mit noch weniger auskommen musste, als ihnen die Sozialhilfe zugestanden hätte.

2.4 Relative Einkommensarmut

Neben der Sozialhilfegrenze als Armutsindikator legt man in Deutschland in der Regel eine Armutsgrenze von 50% des Durchschnitts-Äquivalenzeinkommens zu Grunde (relative Einkommensarmut). Das heißt, eine Person oder ein Haushalt gilt als arm, sobald diese mittlere Einkommensgrenze unterschritten wird. Gemäß dieser Definition befinden sich weitaus mehr Menschen in Armut. 1997 lebten in den alten Bundesländern 2,51 Millionen Menschen von der Sozialhilfe (HLU), im Jahr 1998 mussten rund 7,4 Millionen Westdeutsche mit weniger als 50% des durchschnittlichen Einkommens auskommen (Geißler, 2002). Neben dieser 50% Grenze bezeichnet Bäcker (2000) Menschen, die mit weniger als 60% des durchschnittlichen Einkommens leben müssen als von „milder Armut" betroffen. Personen, die mit weniger als 75% auskommen müssen, befinden sich in „prekärem Wohlstand".

Besonders erschreckend ist die steigende Zahl der Menschen, die in Armutsnähe („working poor") existieren müssen. Sie leben mit der ständigen Angst, durch unvorhersehbare Ereignisse, wie z.B. Verlust der Arbeitsstelle oder der Geburt eines Kindes, unter die Armutsgrenze zu rutschen. Erschwerend kommt für diese Menschen hinzu, dass ihre prekäre Situation in den meisten Fällen sehr lange anhält.

Der gerade beschriebene Ressourcenansatz ist nicht unproblematisch, da er in der Regel ausschließlich die Versorgung mit ökonomischen Mitteln berücksichtigt. Dies birgt die Gefahr, dass Menschen die über ein Einkommen verfügen, welches die Armutsgrenze übersteigt, durch unwirtschaftlichen Umgang mit diesen Mitteln trotzdem in verschiedenen Lebensbereichen Not leiden (Bäcker, 2000). Erschwerend kommt hinzu, dass häufig ein Euro ausschlaggebend sein kann, ob sich eine Person in Armut befindet oder nicht. Es reicht daher nicht aus, Armut nur nach der Versorgung mit monetären Mitteln zu bestimmen, wenn ein umfassendes Bild der Armutssituation entstehen soll.

2.5 Der Lebenslagenansatz

Weitreichender und aussagekräftiger ist der so genannte Lebenslagenansatz. „Armut wird in diesem Ansatz als kumulative Unterversorgung in mindestens zwei von vier zentralen Lebensbereichen definiert: Einkommen, Arbeit, Ausbildung und Wohnen (...). Für die einzelnen Lebensbereiche wird jeweils eine Unterversorgungsschwelle definiert. Für die Dimension Einkommen ist es z.B. die diskutierte 50% Marke des Durchschnitteinkommens; mit Bezug auf die Wohnbedingungen wird die Schwelle bei weniger als einem Raum pro Person und Haushalt angesetzt usw. Liegen in mindestens zwei der vier Lebensbereichen Unterversorgungssituationen von Personen oder Haushalten vor, so wird von Armut gesprochen." (Klocke & Hurrelmann, 2001, S. 13).

Dieser Ansatz beinhaltet demzufolge neben der materiellen Versorgung noch weitere Dimensionen, die für ein relativ unbeschwertes Leben von Bedeutung sind. Welche Lebensbereiche innerhalb des Lebenslagenansatzes in Betracht gezogen werden sowie die Grenzen der Unterausstattung, sind nicht festgelegt. Arm ist gemäß dieser Definition ein Mensch, wenn er in wichtigen Lebensbereichen unterversorgt ist. Der Begriff der Lebenslage wurde nach dem zweiten Weltkrieg vor allem von Gerhard Weisser in Deutschland aufgegriffen. „Seine Überlegungen zum thematischen Begriff „Lebenslage" beruhen auf der plausiblen Annahme, dass Menschen in unterschiedlichen Lebenslagen ungleiche Handlungsspielräume zur Befriedigung ihrer Bedürfnisse haben." (Zimmermann, 2001, S. 58). Er definiert diesen Begriff als „den Spielraum, den einem Menschen (einer Gruppe von Menschen) die äußeren Umstände nachhaltig für Befriedigung der Interessen bieten, die den Sinn seines Lebens bestimmen" (Zimmermann, 2001, S. 58, zit. n. Weisser, 1956). In Anlehnung an das Lebenslagenkonzept können objektive Lebensbedingungen mit subjektiven Verarbeitungsmustern in Verbindung gebracht werden. So bezieht die Armutsforschung häufig auch Lebenszufriedenheit, Sozialbeziehungen und andere persönliche Problemindikatoren in ihre Studien mit ein (Hanesch, 1994). In vielen Fällen kommt es zu einer Kumulation von Unterversorgungen in mehren zentralen Lebensbereichen. Vielen einkommensschwachen Haushalten fehlt es gerade durch die knappen monetären Ressourcen an Möglichkeiten zur Teilhabe am kulturellen und gesellschaftlichen Leben. Denn oft ist mit der Armut auch eine soziale Isolation verbunden. Erschwerend fließen folglich auch psychosoziale Belastungen in ein Leben in Armut mit ein, die innerhalb des Lebenslagenansatzes berücksichtigt werden können. Es ist plausibel, dass dieser Lebenslagenansatz am besten geeignet ist, um die Verhältnisse, in denen von Armut betroffene Menschen leben, zu beschreiben. Bei diesem mehrdimensionalen Armutskonzept werden alle wesentlichen Lebensräume der Menschen berücksichtigt. So kann nachvollzogen werden, unter welch eingeschränkten Bedingungen Menschen leben müssen, bei denen Unterversorgungen vorliegen. Dieser umfangreiche Lebenslagenansatz erscheint mir daher gerechter und aufschlussreicher gegenüber den eindimensionalen Armutskonzepten, die allein die finanzielle Lage der Menschen berücksichtigen. Allerdings wird dieses Armutskonzept nur in sehr wenigen Studien zu Grunde gelegt.

Insbesondere zur Beschreibung der Lebensbedingungen von Kindern und Jugendlichen, die in armen Verhältnissen aufwachsen, ist dieser mehrdimensionale Lebenslagenansatz meines Erachtens besser geeignet. Die von Armut betroffenen Kinder und Jugendlichen leiden häufig in größerem Maße unter den eingeschränkten Bedingungen als die Erwachsenen. Ihnen ist es weniger möglich, die Armut zu verstecken oder einen selbst gewählten Verzicht vorzuspielen als Erwachsenen. Daher werden sie häufig von den Gleichaltrigen in ein soziales Abseits gedrängt.

Festzuhalten bleibt, dass der Begriff Armut nicht explizit bestimmbar ist. Jede Definition von Armut unterliegt normativen, gesellschaftlichen, politischen oder wissenschaftlichen Entwürfen.

3. Von Armut bedrohte gesellschaftliche Gruppen

In den letzten zwanzig Jahren hat sich das Phänomen der Armut in Deutschland radikal geändert. Das Risiko, arm zu werden, wurde bis zu diesem Zeitpunkt einer marginalisierten Gruppe zugeschrieben, die nicht in die Gesellschaft integriert war. Seit den 1980er Jahren mit dem Aufkommen der Diskussion um die neue Armut und dem größer werdenden Problem der Massenarbeitslosigkeit und der Langzeitarbeitslosigkeit, sind zunehmend auch Normalhaushalte von dem Risiko, unter die Armutsgrenze zu rutschen, betroffen. (Bäcker, 1997; Klocke & Hurrelmann, 2001)

Die in den 60er und 70er Jahren vorherrschende Altersarmut konnte durch die Dynamisierung der Renten aufgehalten werden. Heute ist die Gruppe der von Armut betroffenen Menschen heterogen, und der Anteil der Kinder und Jugendlichen daran steigt beständig an (Geißler, 2002; Zimmermann, 2001). In Deutschland gibt es einige Bevölkerungsgruppen, die besonders gefährdet sind, an oder unter der Armutsgrenze zu leben. Diese Risikogruppen werde ich nun kurz vorstellen, um einen Einblick über Struktur und Ausmaß der Armut in der Bundesrepublik zu schaffen.

3.1 Ein – Eltern - Familien

Alleinerziehende vor allem Frauen, sind in Deutschland und in anderen Industrienationen überproportional häufig von Armut betroffen. Diese gesellschaftliche Gruppe lebt zusätzlich sehr oft dauerhaft in Armut (Hanesch, 1994).

Geißler (2002) bestimmt die Alleinerziehenden als Gruppe mit dem höchsten Armutsrisiko. Innerhalb dieser Einelternhaushalte sind etwa neun von zehn der Alleinerziehenden weiblich (Bieligk, 1996). Ein Grund für diese Entwicklung sind die gestiegenen Scheidungszahlen und die Zunahme der unehelichen Geburten. Weitere Ursachen für das Wachstum des Alleinerziehenden in Armut sind nach Geißler (2002) die Schwierigkeiten, einer Erwerbsarbeit nachzugehen, sowie die mangelhaften Unterhaltsleistungen von den Vätern der Kinder. Gerade für junge Mütter mit niedriger Schulbildung oder fehlender Ausbildung ist es nicht leicht, eine Arbeit zu finden. Zahlreichen Frauen bleibt nach der Erziehungspause der Weg zurück in den Arbeitsmarkt verwehrt. Auch mangelt es in Deutschland an Betreuungsangeboten für die Kinder, wie zum Beispiel Kindertagesstätten. Die Möglichkeit, eine Teilzeitstelle anzunehmen, so dass die Mütter neben der Kinderbetreuung einer Arbeit nachgehen können, scheitert häufig am unzureichenden Verdienst (Bieligk, 1996). Die Alleinerziehenden haben folglich kaum Alternativen, den Bezug der Sozialhilfe zu umgehen. Viele der alleinstehenden Mütter verwenden die Sozialhilfe bewusst, um einen finanziellen Engpass zu bewältigen. Sie nutzen die staatliche Unterstützung daher nur übergangsweise, um aus einer prekären Situation herauszukommen (Geißler, 2002). Der größte Teil dieser Gruppe ist jedoch besonders lange auf Sozialhilfe angewiesen (Buhr, 2001). Berücksichtigt man die aufgeführten Faktoren, so kann konstatiert werden, dass besonders die Kinder und Jugendlichen, die in diesen Haushalten leben, unter der Armut leiden. „In den meisten Industrieländern wächst heute etwa jedes neunte Kind in einer Familie mit einem Elternteil auf." (Napp-Peters, 1995, S. 107). Die Alleinerziehenden werden durch ihre materielle und soziale Benachteiligung häufig isoliert, und ihnen wird die Teilhabe in vielen Lebensbereichen verwehrt (Napp-Peters, 1995). Durch ihre besondere Situation und durch die soziale Ausgrenzung ist es den Eltern kaum möglich, die Armut vor ihren Kindern zu verbergen. So erfahren die Kinder und Jugendlichen immer wieder Einschränkungen und Zurückweisungen in ihrem alltäglichen Leben.

3.2 Kinderreiche Familien

Abb. 1: Karikatur

Quelle: Hock, B., Holz, G., Wüstendörfer, W. 2000, S. 43

Eine weitere gesellschaftliche Gruppe, die von Armut betroffen ist, sind Familien mit mindestens drei Kindern. Vor allem den Müttern, die in solchen Großfamilien leben, ist es in der Regel nicht mehr möglich, einer Arbeit nachzugehen (Geißler, 2002). Sie fallen zurück in die traditionelle Rolle der Hausfrau und Mutter. Dieses fehlende zweite

Einkommen ist für die Familie nicht leicht zu verkraften, da durch die Kinder ein zusätzlicher Einkommensbedarf entsteht. Um den Kindern die Chance auf eine angemessene Entwicklung bieten zu können, brauchen Familien eine annehmbare soziale und materielle Basis (Trauernicht, 1995). Familien mit Kindern sind jedoch finanziell schlechter gestellt als kinderlose Paare und haben in unserer Gesellschaft kein besonders gutes Ansehen. Sie werden vielfach als asozial betitelt (Bieligk, 1996). Gleichwohl erfüllen Familien mit Kindern die wichtige Funktion der Nachwuchssicherung, die für alle Sozialsysteme von Bedeutung ist (Klocke & Hurrelmann, 2001). Ein entscheidender Grund für die Armut dieser Gruppe ist der unzureichende Familienlastenausgleich, der trotz Erwerbseinkommen die Sozialhilfeabhängigkeit oft nicht verhindern kann.

Die Armut der Großfamilien ist daher nicht zwingend durch Arbeitslosigkeit geprägt, sondern die Kinder sind in unserer wenig Kind orientierten Gesellschaft zu einem hohen Armutsrisiko geworden (Schneider, 1997). Diese Entwicklung wird auch in der oben abgebildeten Karikatur anschaulich dargestellt. Der Leidensdruck dieser Familien wird außerdem durch einen weiteren Faktor gesteigert. Viele der Betroffenen leben in zu kleinen Wohnungen, was wiederum besonders belastend für die Kinder ist, da sie kaum Möglichkeiten haben, sich in der elterlichen Wohnung zu entfalten. Eine Benachteiligung auf dem Wohnungsmarkt ist ebenfalls bei den Alleinerziehenden zu beobachten (Geißler, 2002). Viele Vermieter bevorzugen kinderlose Bewerber, um von vornherein Probleme zu vermeiden. Insgesamt stehen Alleinerziehende und Kinderreiche Familien länger im Sozialhilfebezug als andere Gruppen (Fischer, 2000). In der Literatur wird daher von einer „Familialisierung" der Armut gesprochen.

3.3 Familien mit Arbeitslosigkeit des Ernährers

Angesichts der schon seit Jahren anhaltenden und steigenden Zahl der Arbeitslosen in Deutschland ist es wohl kaum verwunderlich, dass diese Problematik hier aufgeführt wird. Auch in den oben dargestellten Gruppen spielt das Problem der Arbeitslosigkeit eine übergeordnete Rolle. Fischer (2000, S. 17) bezeichnet die Massenarbeitslosigkeit als „(...) Hauptursache von Armut in unserer Gesellschaft (...)".

Um das Ausmaß der Massenarbeitslosigkeit in Deutschland aufzuzeigen, führe ich an dieser Stelle einige aktuelle Zahlen auf, welche meine Ausführungen untermauern. So betrug die Zahl der Arbeitslosen Ende Juni 2004 knapp 4,3 Millionen, daraus ergibt sich eine Arbeitslosenquote von 10,3 % (Internet 2). „Bezieht man die nicht registrierten Arbeitssuchenden ein, fehlten 1995 in Westdeutschland etwa 5 Millionen, in Ostdeutschland 4 Millionen Arbeitsplätze." (Hölscher, 2003, S. 35, zit. n. Bach,1996). Ein großes Problem stellt die Langzeitarbeitslosigkeit dar. Ihre Zahl ist seit den 80er Jahren stetig gestiegen. Arbeitslosigkeit und damit auch häufig verbundene Armut verschlimmert sich, je länger sie dauert, und es besteht die Gefahr, diese Mangellage an die nachfolgende Generation weiterzugeben (Geißler, 2002).

Die finanziellen Unterstützungsleistungen des Staates reichen vor allem bei längerer Arbeitslosigkeit nicht aus. So müssen viele Arbeitslose Sozialhilfe in Anspruch nehmen (Hauser & Hübinger, 1993).

Es ist einleuchtend, dass mit anhaltender Erwerbslosigkeit diverse psychosoziale Belastungen auftreten. Arbeit hat in unserer Gesellschaft einen hohen Stellenwert. Wir definieren uns nach wie vor in erster Linie über den Beruf. Arbeitslose genießen daher in Deutschland kein gutes Ansehen und werden sozial isoliert und stigmatisiert.

„Seit etwa zwei Jahrzehnten ist in der Bundesrepublik die **kurzfristige Arbeitslosigkeit** kein „Randgruppenschicksal" mehr, sondern eine **Massenerfahrung**." (Geißler, 2002, S. 259). Dieses von Geißler konstatierte Phänomen müsste eigentlich dem schlechten Stand der Arbeitslosen in unserer Gesellschaft entgegen wirken, da Arbeitslosigkeit heute (fast) jeden treffen kann. Besonders schlimm vermag die Arbeitslosigkeit für den Familienvater werden. Oft war er vor der Arbeitslosigkeit der Hauptverdiener im Haushalt. Dementsprechend hoch ist der Leidensdruck, wenn er der klassischen Rolle des Ernährers nicht mehr entsprechen kann (Hölscher, 2003).

Um abschließend die prekäre Lage der Arbeitslosen zu veranschaulichen zitiere ich aus einem Interview. Bei dem Befragten handelt es sich um einen 54 jährigen Mann, der seit nahezu einem Jahr auf Arbeitssuche ist.

Auf die Frage, warum ihm 1100 Euro Arbeitslosengeld nicht reichen, antwortet er: „Weil ich eine Familie habe! Ich gebe meiner getrennt lebenden Frau 300 Euro im Monat für die Kinder, das ist eh schon wenig, sie hat auch nur einen Halbtagsjob als Sekretärin. Dann zahle ich 440 Warmmiete für meine zwei Zimmer - ich käme ja auch mit einem aus, aber meine Kinder sind wochenends hier. Vielleicht 180 Euro für Essen und Trinken, Haushaltsdinge, Medikamente, 70 für Benzin, 100 für Telefon – ich hab schon überlegt, das Handy abzuschaffen, aber ich hab Schiss davor, dass ich zum Sonderling werde, und ich muss auch Kontakte pflegen, um von Stellen zu erfahren. Dann zahle ich 62 Euro für KFZ-Haftpflicht und – Steuer, Teilkasko, Privathaftpflicht, Hausrat- und Rechtsschutzversicherung, 25 Euro monatlich Banküberziehungszinsen, 5 Euro für Rundfunk, 18 Euro Taschengeld für die Kinder. Macht 1200 Euro. Wenn mir nicht meine Eltern mal was zustecken würden und ich nicht meine Lebensversicherung beleihen könnte, ginge das gar nicht. Ich habe keinen Fernseher, das Zeitungsabo hab ich gekündigt... Das Hemd hier: secondhand ein Euro, die Hose zwei Euro. Und die Turnschuhe hat mir meine Cousine für 30 Euro gekauft, weil ich ihr was repariert habe." (Holch, 2004).

Anzumerken ist noch, dass Herr Pfeffer – so heißt der Interviewte – versicherte, auf das Auto angewiesen zu sein, um diverse Jobs annehmen zu können und um sich um seine Kinder zu kümmern. Außerdem sei er ohne sein Auto in seiner Heimatregion sozial isoliert. Ich finde, dieser kurze Abschnitt des Interviews macht die auswegslose Lage der Arbeitslosen deutlich.

Seit Anfang Juli steht nun fest, dass Arbeitslosengeld 2 kommt im nächsten Jahr. Die Zusammenführung von Arbeitslosengeld und Sozialhilfe hat zur Folge, dass Arbeitslose bereits nach einem Jahr nur noch Anspruch auf Leistungen des Sozialhilfeniveaus geltend machen können. Meiner Ansicht nach wird es vor allem für die ärmsten Menschen dann noch schwieriger, finanziell zurechtzukommen. Aber auch für Menschen mit einem ehemals gut bezahlten Job wird diese einheitliche Unterstützung unabhängig von dem vorherigen Gehalt eingeführt.

3.4 Ausländische Familien

Eine weitere von Armut überproportional häufig betroffene gesellschaftliche Gruppe bilden die Ausländer, die in Deutschland leben. Zimmermann (2001) beschreibt in seinem Beitrag, dass Ausländer sehr oft auf Sozialhilfe angewiesen sind. Der Ausländeranteil der Sozialhilfeempfänger „(...) ist zwischen 1965 und 1997 von 3% auf 23% angestiegen." (S. 64). Insgesamt lebt etwa ein Viertel der ausländischen Haushalte in Armut. Die Hälfte aller ausländischen Mitbürger waren innerhalb von 10 Jahren mindestens einmal von Einkommensarmut betroffen (Boos-Nünning, 2000).

Zimmermann (2001) weist weiter auf das Problem hin, dass seit 1993 Asylbewerber nicht mehr nach dem Bundessozialhilfegesetz versorgt werden, sondern auf das Asylbewerberleistungsgesetz angewiesen sind, dessen Leistungen noch unterhalb der Sozialhilfe angesiedelt sind. Dass diese Menschen in nahezu allen Bereichen des Lebens benachteiligt sind, kann ich an dieser Stelle wohl bedenkenlos vermerken. „Zu den (...) 1,5 Mio. Bedarfsgemeinschaften von Sozialhilfe im engeren Sinne (darunter 543.000 Familien mit minderjährigen Kindern) sind rund 240.000 Haushalte hinzuzurechnen, die am Jahresende 1997 Regelleistungen nach dem Asylbewerberleistungsgesetz erhielten (darunter mehr als 80.000 Haushalte mit minderjährigen Kindern)." (Zimmermann, 2001, S. 68).

Die nichtdeutschen Mitbürger haben auf dem Arbeitsmarkt geringere Chancen, einen guten Job zu bekommen. Der überwiegende Teil muss sich mit Niedriglohnarbeiten arrangieren. Die Arbeitslosenquote unter den Ausländern ist sehr hoch, und sie sind zusätzlich bei der Versorgung mit Wohnraum im Nachteil. Durch die Anhäufung der Problemlagen befinden sich die Ausländer in Deutschland in einer schlechten sozialen Position (Klocke & Hurrelmann, 1996). Haushalte ausländischer Nationalität verfügen folglich über weniger Einkommen als deutsche Haushalte. Dies schreibt auch Boos-Nünning (2000) in ihrem Bericht. Sie erwähnt ebenfalls, dass ausländische Familien überdurchschnittlich häufig aus mehr als drei Kindern bestehen. Die materielle Benachteiligung von Großfamilien in Deutschland, wurde bereits weiter oben thematisiert.

Menschen nicht deutscher Herkunft sind in der Bundesrepublik besonders von Armut bedroht und betroffen. Durch die kinderreiche Struktur der ausländischen Familien befinden sich wiederum besonders viele Heranwachsende in dieser armutsgefährdeten Gruppe. Am Ende des Jahres 1993 empfing jedes sechste ausländische Kind unter sieben Jahren Sozialhilfe (Boos-Nünning, 2000).

Betrachtet man die oben beschriebenen von Armut bedrohten gesellschaftlichen Gruppen, so fällt auf, dass außerordentlich viele Kinder und Jugendliche in Deutschland von relativer Armut betroffen sind. Erschwerend kommt noch hinzu, dass Kinder und Jugendliche besonders unter den Armutsbedingungen zu leiden haben. Wie hoch die Kinderarmut in Deutschland tatsächlich ist und was für Konsequenzen sich daraus für die Betroffenen ergeben, werde ich im nächsten Teil dieser Arbeit erörtern.
Bevor ich diesen Aspekt aufgreife und die Kinder– und Jugendarmut sowie ihr Ausmaß beschreibe, stelle ich ein paar aktuelle Auszüge aus Zeitungsartikeln vor, die das Problem der Armut in Deutschland verdeutlichen. Die kompletten Artikel befinden sich im Anhang dieser Arbeit.

So schreibt die Berliner Morgenpost am 30. März 2004:
„Immer mehr Kinder arbeiten"
Kinderschutzbund: Neun- bis 15-Jährige jobben, um Familieneinkommen aufzubessern - Armut erhöht den Druck

die Ostseezeitung schreibt am 20.April 2004 folgendes:
„Wenn ein Job zum Leben nicht reicht"
„In der Arbeitsmarkt-Debatte werden häufig niedrigere Löhne als probates Mittel gegen hohe Arbeitslosigkeit gefordert. Dabei verdienen heute schon 1,5 Millionen Deutsche weniger als fünf Euro die Stunde. Tendenz steigend."
„Was machen, wenn ein Job nicht zum Leben reicht? Zweitjobs haben Hochkonjunktur in Deutschland, das gilt besonders für Arbeitnehmer aus den unteren und mittleren Lohn- und Gehaltsgruppen. Schätzungen zufolge gehen mehr als ein Drittel aller Berufstätigen bundesweit neben ihrem Hauptberuf einem Nebenjob nach, bei dem sie nach der Arbeit oder am Wochenende ein paar Euro dazu verdienen. Working poor – die arbeitenden Armen – werden sie in den USA genannt. Mittlerweile hat dieser Begriff auch in den Sprachgebrauch deutscher Gewerkschafter Einzug gehalten."
„Immerhin zwölf Prozent der Vollzeitbeschäftigten in Deutschland verdienen weniger als 50 Prozent des durch-

schnittlichen Bruttolohns. Jeder Vierte der Armen in Deutschland ist erwerbstätig. Wenn schon Arbeit Armut nicht verhindert, läuft etwas falsch."

„Ab kommendem Jahr müssen Bezieher des Arbeitslosengeldes II jedes Stellenangebot annehmen. Da sind im Extremfall Jobs für zwei Euro Stundenlohn denkbar."

Die Süddeutsche schreibt am 21.April 2004:
„Kinderarmut steigt um fast 50 Prozent"
„Fachtagung warnt vor dramatischen Auswirkungen durch die Zusammenlegung von Sozial- und Arbeitslosenhilfe."

Die TAZ vom 15.Juni 2004 schreibt zum Thema Verschuldung in Deutschland:
„Drei Millionen Haushalte sind in den Miesen"
„Die Überschuldung in Deutschland steigt. Jetzt sollen vor allem Jugendliche den Umgang mit Geld lernen"
„Mittlerweile ist in einigen Schuldnerberatungsstelle schon jeder dritte Hilfesuchende ein Jugendlicher. Durchschnittlich 4.000 bis 5.000 Euro Miese bringen Jugendliche mit in eine solche Beratungssitzung, aber selbst Verbindlichkeiten über 20.000 oder 40.000 Euro kommen vor. Vor allem teure Rechnungen des Versandhandels und deftige Handy-Gebühren bringen viele junge Leute finanziell in Bedrängnis."
„ In der Tendenz nimmt Armut seit Anfang der Neunzigerjahre langsam, aber sicher zu. Rund drei Millionen Haushalte gelten als überschuldet, das ist eine Millionen mehr als noch vor zehn Jahren, so die Verbraucherzentrale Bundesverband (VZBV). Am stärksten betroffen sind Arbeitslose, Großfamilien, Alleinerziehende, Migranten und Geschiedene."

Die TAZ vom 23.Juni 2004:
„Eintritt für die Schule"
„Zu wenige Lehrer in Grundschulen, Behörde bestimmt neue Klassengrößen. SPD sieht in Vorschulgebühren ersten Schritt zum Schulgeld. Kritik auch vom Kinderschutzbund"

DIE ZEIT vom 8.Juli 2004:

„Panik in der Mittelschicht"

„Am Wochenende berät die Bundesregierung in Neuhardenberg über die Reformen. Hartz IV kommt zwar den Sozialhilfe-

empfängern zugute, nicht aber den besser gestellten Arbeitslosen. Jetzt ist der Moment gekommen, eine durchdachte Politik für die Armen in Deutschland zu entwickeln"

*„Tausende werden ihre Mieten nicht bezahlen können, weil ih-
re Unterstützung sinkt. Rund 500000 Arbeitslose werden ihren
Anspruch auf Geld vom Staat in Gänze verlieren, weil der Partner ein gutes Erwerbseinkommen oder Vermögen hat. Andere
bekommen durch den Wegfall der Arbeitslosenhilfe mehrere
hundert Euro pro Monat weniger. Und einige spüren schon
jetzt, dass die Betreuung schlechter wird, weil sich die Sozialämter langsam aus der Vermittlung von Langzeitarbeitslosen
zurückziehen, für die sie ab Januar in den allermeisten Fällen
nicht mehr zuständig sind."*

Morgenpost Berlin vom 22.Juli 2004:

„Hartz IV überfordert die Ämter"

*„Zu wenig Personal für Bearbeitung der Anträge - Wohlfahrts-
verband warnt: Kinderarmut wird rapide steigen"*

Die Berliner Morgenpost schreibt am 24. Juli 2004:
*„1,2 Milliarden Menschen haben weniger als einen Dollar pro
Tag"*
*„Demnach gilt als arm, wer mit weniger als einem Dollar pro
Tag auskommen muss. Von den etwa 1,2 Milliarden Menschen, die weltweit unter diese Kategorie fallen, sind mehr als
50 Prozent Kinder und Jugendliche."*

Die Welt berichtet am 28.Juli 2004:

„Allein Erziehenden droht der Absturz" „Jeder achte Deutsche
lebt nach einer Studie des Deutschen Instituts für Wirtschaftsforschung inzwischen in Armut"
*"Insbesondere die Zahl der allein Erziehenden, die von Armut
betroffen sind, ist alarmierend hoch"*
*„ Am höchsten ist die Armutsquote in der Altersgruppe von
elf bis 20 Jahren."*

Junge Welt am 30.Juli 2004:

„Winterschuhe? Zu teuer!"
„Paritätischer Wohlfahrtsverband: Mit »Hartz IV« steigt die Kinderarmut. Grundsicherung gefordert"
Dresdener neuste Nachrichten 8. August 2004:

„Experten warnen vor wachsender Kinderarmut"

„Dresden. Immer mehr Kinder wachsen in Sachsen in Armut auf. "Von 2005 an wird eine weitere halbe Million Kinder bundesweit von Sozialhilfe leben müssen", sagte der Chef des Kinderschutzbundes Sachsen, Heinz Zschache. Nach Angaben des Sozialministeriums sind im Freistaat rund 45.000 Kinder und Jugendliche bis 15 Jahre auf Sozialhilfe angewiesen."

Morgenpost Berlin 8. August 2004:

„22200 Kinder brauchen Sozialhilfe"

„Zahl der jungen Bedürftigen dramatisch gestiegen – Schutzbund befürchtet weitere Verschärfung durch Hartz IV"

„Potsdam - Die Zahl der von Sozialhilfe abhängigen Kinder und Jugendlichen in Brandenburg ist dramatisch gestiegen. Ende 2002 - aktuellere Zahlen liegen nicht vor - seien 22 200 junge Menschen bis 15 Jahre auf diese staatliche Unterstützung angewiesen gewesen, sagte Sozialminister Günter Baaske (SPD). 1994 waren es noch knapp 15 400."

Ostsee Zeitung 9. August 2004:

„Immer mehr kinderreiche Familien in der Armutsfalle"

„Zahlreiche Kinder leben von Sozialhilfe. Eltern versuchen dennoch, die Wünsche des Nachwuchses zu erfüllen und stürzen sich dafür in Schulden. Der Kinderschutzbund fordert eine Erhöhung des Kindergeldes."

4. Das Ausmaß der Kinder- und Jugendarmut

Zu Beginn dieser Arbeit habe ich darauf hingewiesen, dass der Begriff Armut von den wenigsten mit Deutschland in Verbindung gebracht wird. Wie steht es nun mit dem Schlagwort Kinderarmut?

Es ist davon auszugehen, dass dem Großteil der deutschen Bevölkerung bei diesem Begriff automatisch die Assoziation von bettelnden Straßenkindern in den ärmsten Ländern der Welt im Kopf entsteht. Diese Bilder werden von den Medien gerne aufgegriffen und verbreitet. In Deutschland ist diese Art der absoluten Armut unter den Kindern und Jugendlichen so gut wie nicht vorhanden. Betrachtet man die Kinderarmut jedoch nach den Kriterien der relativen Armut, kommt eine bedenkliche, wenn nicht erschreckende Entwicklung zum Vorschein.

Kinder und Jugendliche bilden mittlerweile die Gruppe in Deutschland, die am häufigsten von Armut betroffen ist. Daher sprechen die Experten seit Anfang der 90er Jahre von einer so genannten „Infantilisierung der Armut" (z.B. Hauser & Hübinger, 1993, S. 58).

Bevor ich näher auf das Ausmaß der Kinder- und Jugendarmut in Deutschland eingehe, möchte ich darauf aufmerksam machen, dass die Mehrzahl der Kinder und Jugendlichen in weitgehend gesicherten Verhältnissen aufwachsen. Ferner steigen die Konsummöglichkeiten der Jugendlichen sogar sukzessiv an. Fischer (2000) weist auf die enorme Kaufkraft von Kindern zwischen 7 und 14 Jahren von rund 5,88 Mrd. € jährlich hin. Diese Tendenz nimmt seit einigen Jahren bereits Einzug in die Kinderzimmer der Vorschulkinder. Auf der anderen Seite ist es für Kinder und Jugendliche aus einkommensschwachen Familien besonders belastend, wenn sie an dieser Entwicklung nicht teilhaben können. So kommt es bei immer mehr Heranwachsenden zu einem regelrechten Überangebot an Spielsachen, während ein immer größer werdender Teil mit minderwertigem „Billigspielzeug" auskommen muss. Diese Scherenentwicklung in Deutschland führt zu einer immer größer werdenden Kluft zwischen arm und reich, welche insbesondere für die von Armut betroffenen Kinder und Jugendlichen als belastend empfunden wird. Sie orientieren sich mit ihren Konsumwünschen an dem Kaufverhalten der Gleichaltrigen aus höheren Einkommensklassen. Hier machen sie jedoch schnell die Erfahrung, dass sie nicht mithalten können und im Vergleich zu vielen anderen benachteiligt sind (Becker & Hauser, 2003; Klocke & Hurrelmann, 2001).

Aber welchen zahlenmäßigen Umfang hat Armut bei Kindern und Jugendlichen?

Um diese Frage zu beantworten, werde ich die Armutsbetroffenheit der Kinder und Jugendlichen anhand der in Deutschland weitgehend anerkannten Armutsschwellen (Sozialhilfeschwelle und 50-Prozent-Grenze relativer Einkommensarmut) aufzeigen.

4.1 Sozialhilfebetroffenheit von Kindern und Jugendlichen

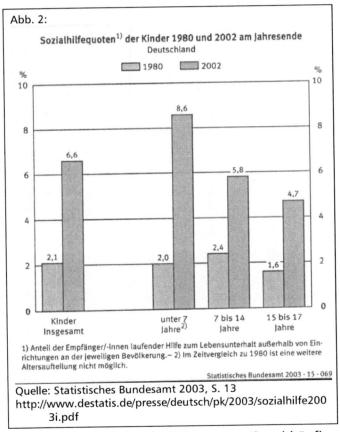

Abb. 2:

Sozialhilfequoten[1] der Kinder 1980 und 2002 am Jahresende
Deutschland

1) Anteil der Empfänger/-innen laufender Hilfe zum Lebensunterhalt außerhalb von Einrichtungen an der jeweiligen Bevölkerung.– 2) Im Zeitvergleich zu 1980 ist eine weitere Altersaufteilung nicht möglich.

Statistisches Bundesamt 2003 - 15 - 069

Quelle: Statistisches Bundesamt 2003, S. 13
http://www.destatis.de/presse/deutsch/pk/2003/sozialhilfe2003i.pdf

Kinder und Jugendliche sind überproportional häufig auf Sozialhilfe angewiesen. Ihre Sozialhilfequote ist mit 6,6 Prozent doppelt so hoch wie die der Durchschnittsbevölkerung (Internet 1). Innerhalb dieser Gruppe sind es insbesondere die jüngsten Kinder unter 7 Jahren (Vgl. Abb. 2), die vermehrt auf staatliche Unterstützung angewiesen sind. Abbildung 2 veranschaulicht den immensen Zuwachs der Kinder und Jugendlichen, die seit den 80er Jahren auf laufende Hilfe zum Lebensunterhalt angewiesen sind.

Insgesamt bezogen am Ende des Jahres 1998 knapp 3 Millionen Menschen laufende Hilfe zum Lebensunterhalt. Bezeichnenderweise liegt der Anteil der Kinder und Jugendlichen unter 18 Jahren in dieser Gruppe bei knapp 1 Millionen (vgl. Tabelle 1). Des weiteren wird in dieser Tabelle die überproportionale Betroffenheit nichtdeutscher Menschen in Bezug auf die Sozialhilfe deutlich.

Kinder und Jugendliche nichtdeutscher Herkunft sind in noch höherem Maße von Sozialhilfebedürftigkeit betroffen. So bezieht etwa jedes 7. Kind nichtdeutscher Abstammung laufende Hilfe zum Lebensunterhalt, während „nur" jedes 20. deutsche Kind davon betroffen ist (Hock u.a., 2000).

Tabelle 1: EmpfängerInnen von Sozialhilfe (HLU) 1998 (nach Alter, Region und Staatsangehörigkeit)				
	Anzahl Sozialhilfe-empfängerInnen in der Altersgruppe	Anteil der Bevölkerung gleichen Alters		
		Alle	Deutsche	AusländerInnen
Deutschland insgesamt				
Unter 7 Jahre	478.326	8,6%	7,7%	14,7%
7 bis unter 11 Jahre	247.540	6,7%	5,7%	14,4%
11 bis unter 15 Jahre	212.546	5,8%	4,9%	14,0%
15 bis unter 18 Jahre	134.773	4,9%	4,0%	12,2%
Alle Altersgruppen	2.879.322	3,5%	3,0%	9,1%
Quelle: Statistisches Bundesamt 1999 in: Hock, B., Holz, G., Simmedinger, R., Wüstendörfer, W. 2000, S.39				

Anhand dieser aufgeführten Zahlen und Fakten wird unmissverständlich klar, dass immer mehr Kinder und Jugendliche, entsprechend der Sozialhilfeschwelle, in Armut aufwachsen.

In Tabelle 2 ist die sogenannte verdeckte Armut aufgeführt. Mit diesem Begriff sind die Menschen gemeint, die ihren Anspruch auf Sozialhilfe aus verschiedenen Gründen nicht wahrnehmen (vgl. Punkt 2.3). Aus dieser Aufstellung geht hervor, dass die Anzahl der Menschen, die ihr Recht auf Sozialhilfe nicht geltend machen, in etwa so groß ist wie die Zahl der Sozialhilfeempfänger.

Tabelle 2: Sozialhilfequoten (HLU) und verdeckte Armut im Jahr 1995 (nach Altersgruppe)		
	Sozialhilfequote	Quote „verdeckter" Armut
Deutschland insgesamt		
Unter 7 Jahre	7,5%	2,6%
7 bis unter 18 Jahre	ca. 5,0%	5,4%
Alle Altersgruppen	3,1%	3,4%
Deutsche	2,7%	3,2%
AusländerInnen	7,1%	7,3%
Quelle: Sozialhilfestatistik, SOEP 1995 in: Hock, B., Holz, G., Simmedinger, R., Wüstendörfer, W. 2000, S. 41		

Auffallend ist, dass die Quote der verdeckten Armut bei den unter 7 jährigen Kindern im Vergleich zu den übrigen Altersgruppen relativ gering ausfällt. Haushalte, in denen kleinere Kinder aufwachsen, machen folglich ihren Anspruch auf Sozialhilfe eher geltend, als Haushalte mit Kindern und Jugendlichen über 7 Jahren. Dies kann ein Hinweis darauf sein, dass Eltern mit kleinen Kindern den staatlichen Unterstützungsleistungen offener gegenüberstehen und den Sozialhilfebezug als Übergangsphase sehen und einsetzten, bis die Zeit der Kindererziehung beendet ist (Buhr, 1995). Des weiteren wird erneut die hohe Betroffenheit von ausländischen Mitbürgern deutlich.

Der Bezug von Sozialhilfe wird, wie bereits erwähnt, in Deutschland als bekämpfte Armut angesehen. So ist eine Gleichsetzung von Armut mit dem Empfang von laufender Hilfe zum Lebensunterhalt problematisch. Allerdings ist die hohe Zahl der Kinder und Jugendlichen, die auf dieses letzte staatliche Auffangnetz angewiesen sind, sehr beunruhigend. Ich kann an dieser Stelle wohl bedenkenlos konstatieren, dass ein

Aufwachsen in einer Familie, welche von der Sozialhilfe lebt, gravierende Einschränkungen für die Kinder zur Folge hat.
Die enorme Armutsbetroffenheit von Kindern und Jugendlichen wird jedoch weiter bestätigt, wenn Untersuchungen zur relativen Einkommensarmut herangezogen werden.

4.2 Relative Einkommensarmut bei Kindern und Jugendlichen

Unter Berücksichtigung der 50 Prozent-Grenze relativer Einkommensarmut, zeigt sich erneut ein signifikantes Bild. Wiederum sind es insbesondere die jüngeren Kinder, die überproportional häufig von Armut betroffen sind. Tabelle 3 gibt einen aufschlussreichen Einblick in die Entwicklung der relativen Einkommensarmut seit dem Jahr 1973.

Tabelle 3: Gruppenspezifische Armutsquoten (in Prozent) nach dem eigenen Alter in Westdeutschland – 1973-1998

Alter in Jahren	1973	1978	7983	1988	1993	1998
Bis 6 Jahre	8,0	7,6	11,5	14,1	17,0	15.9
7 bis ca. 13 Jahre	7,6	7,2	9,9	12,7	14,8	15,3
ca. 14 bis ca. 17 Jahre	4,2	8,8	7,3	9,9	14,3	14,9
ca. 18 bis 24 Jahre	4,6	5,2	12,0	10,7	11,2	13,3
25 bis 54 Jahre	4,0	4,6	5,8	7,6	9,0	9,6
55 bis 64 Jahre	6,2	4,4	4,9	5,7	6,4	7,5
65 u. m. Jahre	13,3	10,7	11,9	9,2	8,5	10,9
Alle	6,5	6,5	7,7	8,8	10,1	10,9

- Ohne Haushalte mit ausländischen Bezugspersonen
- Armutsgrenze: 50 Prozent des arithmetischen Mittels der Nettoäquivalenzeinkommen

- Quelle: EVS-Datenbank der Professur für Sozialpolitik der Goethe-Universität, Frankfurt am Main; eigene Berechnungen in: Becker, I. & Hauser, R. 2003. Zur Entwicklung von Armut und Wohlstand in der Bundesrepublik Deutschland – eine Bestandsaufnahme. In: Butterwegge, C. & Klundt, M. S. 34

Es ist zu erkennen, dass die Armutsquote seit 1978 von 6,5 auf 10,9 angestiegen ist. Anhand der Daten lässt sich die Gruppe der Bevölkerung bis 24 Jahre als besonders von Armut berührt

ausmachen. Bei den Kindern bis 6 Jahren hat sich die Armutsquote in dem untersuchten Zeitraum nahezu verdoppelt. Sie
weisen zugleich mit 15,9 die höchste Quote auf. Bei Jugendlichen beziehungsweise jungen Erwachsenen von ca.14 bis 24
Jahren ist die Entwicklung noch auffälliger. Hier sind im Jahr
1998 mehr als dreimal so viele Menschen von Einkommensarmut betroffen als 25 Jahre zuvor.
Auffällig ist weiterhin, dass die Altersarmut seit den 70er Jahren kontinuierlich zurückgegangen ist.
Es bleibt festzuhalten: Innerhalb des oben zugrunde gelegten
Untersuchungszeitraums, also seit nunmehr über 30 Jahren,
steigt die Kinder- und Jugendarmut kontinuierlich an. In der
Mitte der 80er Jahre hat sie die bis dato vorherrschende Altersarmut abgelöst, und seitdem bilden Kinder und Jugendliche die gesellschaftliche Gruppe, welche am häufigsten von
Armut betroffen ist. 1998 war jedes 6. Kind (unter 14 Jahren)
von relativer Armut betroffen (Becker & Hauser, 2003).

Tabelle 4: Betroffenheit von Armut und Niedrigeinkommen in Deutschland nach Bevölkrungsgruppen im Jahre 2000			
	Bev.-Anteil	50%	75%
Bevölkerung insgesamt:		**9,1**	**34,3**
Geschlecht	100,0		
Männlich	47,8	9,1	33,3
Weiblich	52,2	9,2	35,3
Alter	100,0		
Bis 10 Jahre	**11,0**	**15,6**	**51,9**
11-20 Jahre	**11,2**	**16,4**	**49,6**
21-30 Jahre	11,4	10,7	37,0
31-40 Jahre	17,2	8,3	33,0
41-50 Jahre	13,8	7,3	30,8
51-60 Jahre	12,9	5,6	23,3
61-70 Jahre	11,8	5,7	26,9
71 Jahre und älter	10,8	4,8	25,1
Quelle: SOEP 2000 Statistisches Bundesamt. Datenreport 2002, S. 589 www.destatis.de/download/veroe/2-17.pdf			

Tabelle 4 veranschaulicht, dass sich diese Entwicklung bis zum Jahr 2000 weiter verschlimmert hat. Dies sind die aktuellsten Zahlen, welche ich während meiner Recherchen ausfindig machen konnte.

Auch im Jahr 2000 sind Kinder und Jugendliche mit einem deutlichen Abstand am stärksten von Armut betroffen. Diese Gruppe hat sich im Vergleich zum Jahr 1998 sogar noch vergrößert. Die Tabelle beinhaltet zusätzlich noch Angaben zum Ausmaß der von Niedrigeinkommen betroffenen Menschen. Auch hier zeigt sich ein überproportional hoher Anteil von Kindern und Jugendlichen. Mehr als die Hälfte der Kinder unter zehn Jahren war im Jahr 2000 vom Niedrigeinkommen der Eltern betroffen. Diese Menschen müssen fortwährend damit rechnen, dass sich ihre prekäre Finanzsituation verschlechtert und sie unter die Armutsgrenze rutschen. Viele haben bereits eine oder mehrere kürzere Armutsperioden erlebt. Sie wissen daher, was ein Leben in Armut für Belastungen mit sich bringen kann. Das Vorhandensein von Kindern bedeutet für Haushalte ein höheres Armutsrisiko und zugleich die Gefahr, länger in der Armut zu verbleiben. Besonders schlimm ist die Armut für jene Menschen, welche über Jahre hinweg unter den eingeschränkten Bedingungen leben müssen. Aber auch kurze Armutsperioden können sich negativ auf die Biografie auswirken (Buhr, 2001).

5. Auswirkungen von Armut auf Kinder und Jugendliche

Wie sich gezeigt hat, bilden Kinder und Jugendliche die Altersgruppe die mittlerweile in Deutschland am stärksten von Armut betroffen ist. „Die absolute Zahl der Kinder und Jugendlichen unter 18 Jahren, die in der Bundesrepublik in Armut leben, liegt bei etwa 2,7 Millionen. Damit wächst jedes sechste Kind im Alter bis zu 18 Jahren in Armut auf." (Klocke & Hurrelmann, 2001, S. 9). Längst nicht für alle dieser 2,7 Millionen bedeutet ein Aufwachsen in Armut eine schwerwiegende Beeinträchtigung ihrer Entwicklungschancen. Dennoch kann Armut gerade für Kinder und Jugendliche als besonders belastend empfunden werden. Sie sind in vielen Bereichen gegenüber nichtarmen Kindern benachteiligt. Gleichzeitig verfügen sie nur über begrenzte oder gar keine Möglichkeiten, sich gegen diese eingeschränkten Teilhabechancen zu wehren. Des weiteren bedeutet ein Aufwachsen in Armut häufig, neben den eingeschränkten Teilhabemöglichkeiten am kulturellen Leben, an Bildung, Freizeit und Konsum (Internet 4), ebenso Beeinträchtigungen und Einschränkungen der Gesundheit, der Ernährung, und des Wohnens.

Der erste Armuts- und Reichtumsbericht der Bundesregierung aus dem Jahr 2001 belegt, dass nun auch die Regierung erkannt hat, dass es im „reichen Deutschland" Armut und insbesondere Kinderarmut gibt. Zuvor wurde auf die gute soziale Absicherung verwiesen, und das Thema Armut in Deutschland als marginal oder nicht vorhanden abgetan.

In diesem ersten Bericht wird die Armut von Heranwachsenden wie folgt definiert: „Armut von Kindern bedeutet eine Einschränkung ihrer Erfahrungs-, Entwicklungs- und Lernmöglichkeiten, insbesondere dann, wenn belastende Faktoren kumulieren. Kinder werden vor allem dann als arm bezeichnet, wenn folgende Kriterien zutreffen:

- wenn die für ein einfaches tägliches Leben erforderlichen Mittel unterschritten werden,
- wenn es an unterstützenden Netzwerken für ihre soziale Integration mangelt,
- wenn sie von den für die Entwicklung von Sozialkompetenz wichtigen Sozialbeziehungen abgeschnitten bleiben,
- wenn Bildungsmöglichkeiten für ihre intellektuelle und kulturelle Entwicklung fehlen,

- wenn sie in ihrem Umfeld gesundheitlichen Beeinträchtigungen ausgesetzt sind,
- wenn Kinder in Familien vernachlässigt werden,
- wenn Kinder in Familien Gewalt ausgesetzt sind." (Internet 4, S. 151).

Im folgenden werde ich den Gesichtspunkt der eingeschränkten Bildungsmöglichkeiten näher beleuchten. Ich konzentriere mich ganz bewusst auf diesen Aspekt, da eine unzureichende Schulbildung meiner Ansicht nach einen der größten Risikofaktoren für die Kinder und Jugendlichen aus Armutsverhältnissen darstellt. Im schlimmsten Fall kann eine ungenügende Schulbildung dazu führen, dass die Betroffenen bereits in jungen Jahren eigene Armutskarrieren beginnen.

5.1 Auswirkungen auf die schulischen Leistungen

Abb. 3: Karikatur

Die Situation von Armut und Benachteiligung hat weitreichende Folgen auf die Schullaufbahn von Kindern und im weiteren Verlauf auch auf den Eintritt der Jugendlichen in das Berufsleben. Arme Kinder haben oft nicht die gleichen Chancen in Schule, Ausbildung und Beruf wie die Gleichaltrigen aus mittleren und höheren Einkommenshaushalten. Dieser Sachverhalt ist meines Erachtens als besonders alarmierend einzustufen. So kann das Aufwachsen in einer einkommensschwachen Familie weitreichende Konsequenzen für die Entwicklung und Zukunft der Kinder und Jugendlichen haben. Mit der materiellen Armut sind oftmals noch weitere Benachteiligungen verbunden, die sich negativ auf das Aufwachsen der Kinder und das Erwachsenwerden der Jugendlichen auswirken können. Oft tangieren diese Effekte direkt oder indirekt die schulischen Möglichkeiten und Teilhabechancen der Kinder und Jugendlichen. So gibt es auch heute noch in unserer Bildungsgesellschaft, in der Zeugnisse, Abschlüsse und hohe Qualifikationen immer mehr an Bedeutung gewinnen, Kinder, denen durch die Armut eine höhere Schullaufbahn verwehrt wird. Die Eltern drängen aufgrund der Armutslage darauf, dass ihr Kind möglichst schnell eigenes Geld verdient, um die Situation in der Familie zu entlasten. Dass diese Kinder auf dem Arbeitsmarkt keine besonders guten Chancen haben, liegt auf der Hand. Durch die steigende Zahl der Jugendlichen, die ihre Schullaufbahn mit dem Abitur beenden, verlieren gleichzeitig auch die Haupt- und Sonderschulabschlüsse an Wert

Aber auch durch die Situation in der elterlichen Wohnung ist für viele Kinder und Jugendlichen aus deprivierten Verhältnissen die schulische Karriere gefährdet. Wie soll ein Kind ohne eigenes Zimmer in einer viel zu engen Wohnung, in der ständig der Fernseher läuft und es keine ruhige Minute gibt, seine Hausaufgaben erfolgreich erledigen?

Wie soll man ohne Unterstützung der Eltern und ohne richtige Schulfreunde den langen beschwerlichen Weg bis zum Abitur schaffen?

Angesichts dieses kurzen Ausblicks auf die folgenden Ausführungen kann schnell der Eindruck entstehen, dass alle Kinder, die von Armut betroffen sind, in Schule und Ausbildung versagen. Doch wie noch zu zeigen sein wird, gibt es auch Kinder, die trotz Armut und den damit verbundenen Problemen ihren Weg machen. Außerdem möchte ich an dieser Stelle darauf hinweisen, dass die überwiegende Mehrheit der Kinder und Jugendlichen die Schule abschließen und einen Ausbildungs-, Hochschul-, oder Arbeitsplatz finden (Butterwegge & Klundt, 2003).

Das Ausmaß und die verschiedenen Faktoren, die Einfluss auf die Bildungschancen haben können, werde ich in diesem Teil der Arbeit ausführlich darstellen.

5.1.1 Ökonomische Ressourcen – kein Geld für Schulbücher

Dass die finanzielle Notlage und die damit verbundenen Armutserfahrungen der Kinder und Jugendlichen Auswirkungen auf Schule und Ausbildung haben, wurde in verschiedenen Untersuchungen belegt.

In den folgenden Ausführungen beziehe ich mich auf eine Studie von Lauterbach und Lange (1998). Sie betrachteten zwischen 1985 und 1995 insgesamt 1494 Kinder zwischen 10 und 12 Jahren, welche den Wechsel in den Sekundarbereich I vollzogen.

Der Übergang von der Grundschule in eine weiterführende Schule hat für die Zukunft der Kinder eine immense Bedeutung. So stellt dieser Übertritt oft die Weichen für das restliche Leben der Heranwachsenden. Eine große Rolle für die Entscheidung, ob das Kind auf die Hauptschule, Realschule, Gesamtschule, Sonderschule oder auf das Gymnasium gehen kann, spielen die ökonomischen Ressourcen der Familie. So entscheiden sich manche Eltern aufgrund der anstehenden Zusatzkosten, die ein Schulwechsel mitsichbringt, gegen das Gymnasium. Sie haben einfach kein Geld für Schulbücher, Taschenrechner oder Malkasten, bzw. wollen das Geld nicht dafür ausgeben. Auch kommt es durch die knappe finanzielle Lage der Familie zwischen den Eltern zu vermehrten Streitigkeiten. Die Eltern haben aufgrund der Geldsorgen kein offenes Ohr für ihre Kinder und kontrollieren dementsprechend auch nicht, ob die Hausaufgaben erledigt werden. Die Kinder sind oft auf sich allein gestellt und vernachlässigen ihre Schularbeiten. So wirkt sich materielle Armut direkt auf das Erziehungsverhalten der Eltern aus.

Neben den Familien in Armut sind auch die Menschen, welche nur knapp über der Armutsgrenze leben, durch ihre besondere Situation belastet. Das Leben in „prekärem Wohlstand" birgt die ständige Gefahr, in die Armut abzurutschen. Daher beeinflussen die Geldsorgen auch die Menschen, die sich nicht offiziell in Armut befinden. Dieses angespannte Klima in der Familie wirkt sich auch auf die Entscheidung für den weiteren Bildungsweg der Kinder aus. Viele Eltern gehen meiner Meinung nach zu kurzsichtig an die Sache heran und entscheiden sich für eine niedrige Schullaufbahn. Der Gedanke, der dahinter steht, ist, dass die Kinder möglichst schnell eine Lehre oder

Ausbildung machen und so eigenes Geld nach Hause bringen. Durch fehlende Ausbildungs- und Arbeitsplätze und den dadurch erhöhten Wettbewerb auf dem Arbeitsmarkt ist es für Menschen mit niedrigen Qualifikationen allerdings schwierig, auf dem Arbeitsmarkt Fuß zu fassen. Dies wird von den Eltern offensichtlich nicht bedacht oder inkaufgenommen. Die eingeschränkte schulische Karriere kann Konsequenzen haben, die bis in das Erwachsenenalter hineinreichen. So wird die Armut nicht selten an die nächste Generation weitergegeben.

Lauterbach und Lange kamen bei ihrer Studie zu dem Ergebnis, dass arme Kinder (weniger als 50% des Durchschnittseinkommens) und Kinder im prekären Wohlstand (zwischen 50 und 65% des Durchschnittseinkommens) signifikant häufiger die Hauptschule besuchen und seltener das Gymnasium als nicht arme Kinder (vgl. Abb. 4).

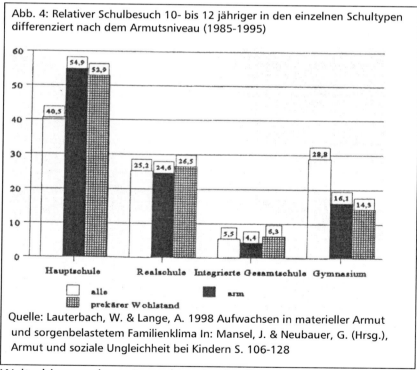

Abb. 4: Relativer Schulbesuch 10- bis 12 jähriger in den einzelnen Schultypen differenziert nach dem Armutsniveau (1985-1995)

Quelle: Lauterbach, W. & Lange, A. 1998 Aufwachsen in materieller Armut und sorgenbelastetem Familienklima In: Mansel, J. & Neubauer, G. (Hrsg.), Armut und soziale Ungleichheit bei Kindern S. 106-128

Weiterhin wurde untersucht, ob elterliche Sorgen um die finanzielle Situation der Familie Einfluss auf die Bildung der Kinder haben. Auch hier zeigte sich, dass die Kinder, deren Eltern sich in einer solchen Belastungssituation befinden, eine um 23% höhere Wahrscheinlichkeit haben, nicht auf das Gymnasium zu gehen. So kann festgehalten werden, dass die Zukunftsängste, welche mit der Armut einhergehen, auch bei der Bildungsentscheidung für die Kinder ins Gewicht fallen.

Bacher (1998) bestätigt diese Ergebnisse und benennt zusätzlich eine hohe Sonderschulrate von Kindern aus einkommensarmen Familien. Klocke (1996) berichtet ebenfalls von einem Zusammenhang zwischen den ökonomischen Ressourcen und der Schulform der Kinder. Er kommt zu dem Ergebnis, dass von Armut betroffene Kinder und Jugendliche verhältnismäßig oft eine Hauptschule besuchen, jedoch auf den Gymnasien die Minderheit darstellen.

Schlemmer (1998) weist auf einen neuen Aspekt hin, der die ausländischen Kinder betrifft. So konnte nachgewiesen werden, dass ausländische Grundschüler besonders benachteiligt sind. Sie schaffen den Übergang auf ein Gymnasium erheblich seltener als deutsche Kinder. Hock & Holz (1998) kommen zu ähnlichen Ergebnissen. Nur etwa ein Drittel der ausländischen Jugendlichen beendet die Schule mit einem höheren Abschluss. Weiterhin verlässt jeder sechste von ihnen die Bildungsinstitution ohne Hauptschulabschluss.

Hölscher (2003) schreibt von einem deutlichen Zusammenhang zwischen der materiellen Lage der Familie und der Intelligenzentwicklung der Kinder. Sie bezieht sich auf Studien aus den USA, die vor allem bei lang anhaltenden Armutsperioden negative Einflüsse auf die Intelligenzentwicklung feststellten. In einer Längsschnittstudie konnte ein Zusammenhang zwischen der Anzahl der Schuljahre und der materiellen Lage ermittelt werden. „Kinder aus Familien, die dauerhaft in Armut oder Armutsnähe lebten, absolvierten im Durchschnitt ein Schuljahr weniger als solche aus materiell besser gestellten Familien. Armutserfahrungen in den ersten Lebensjahren wirkten sich dabei stärker aus als Armutsperioden in der Jugend." (Hölsch, 2003, S.51).

Geringe ökonomische Ressourcen haben dementsprechend einen entscheidenden Einfluss auf die Bildungsaspiration der Eltern. Angesichts einer knappen finanziellen Situation werden die Bildungsansprüche oftmals drastisch gesenkt. Becker & Nietfeld (1999) weisen darauf hin, dass die anstehenden zusätzlichen Kosten für die Schulbildung der Kinder oft den Ausschlag geben, die ohnehin knappen finanziellen Ressourcen eher für die Güter des täglichen Lebens zu verwenden. Walper (1997) zieht in ihrem Beitrag eine INFAS- Untersuchung von Familien mit Arbeitslosigkeit des Vaters heran, wonach 19 Prozent der Befragten nicht mehr imstande waren, die Bücher und Arbeitsmittel, welche die Kinder und Jugendlichen für die Schule benötigten, zu finanzieren. So werden häufig durch Arbeitslosigkeit und damit verbundener materieller Notlage die Bildungsziele für die Kinder verworfen. Ein wichtiger Faktor ist die Dauer und das Ausmaß der prekären Lage. Je länger die Notsituation anhält, desto geringer ist die Chance der Kinder auf die Realschule oder das Gymnasium zu kommen. Befindet sich ein Kind bereits auf einer höheren Schule, kann es passieren, dass die Eltern aufgrund der eingeschränkten Finanzlage einen Schulabbruch fordern (Becker, 1998). Der Armuts- und Reichtumsbericht aus dem Jahr 2001 beschreibt die Armut und die daraus entstehenden Konsequenzen für die Schulbildung der Kinder als Teufelskreis. Die Kinder erleben die Verzweiflung und Ratlosigkeit der Eltern, die ihnen die Chance auf eine gute Schullaufbahn nicht ermöglichen können. So haben diese Kinder nur geringe Aussichten, der Armut zu entkommen (Internet 3).

Kommentar:

Ich möchte an die letzten Sätze anknüpfen, da mir der Ausdruck „Teufelskreis der Armut" im Zusammenhang mit den Bildungschancen der Kinder und Jugendlichen sehr passend erscheint. Seit einigen Jahren hat der Wert eines guten Schulabschlusses mehr und mehr an Bedeutung gewonnen. Diese Entwicklung hängt unter anderem damit zusammen, dass die Zahl der Abiturienten ebenfalls gestiegen ist. So kann man zwar nicht mehr unbedingt davon sprechen, dass das Abitur die „Eintrittskarte in die Berufswelt" darstellt, aber gerade durch die hohe Zahl der Abiturienten wird es für Jugendliche mit niedriger Qualifikation auf dem Arbeitsmarkt zunehmend schwerer. **Die Möglichkeit, an einer Universität zu studieren, ist für die Jugendlichen mit minimalen Schulabschlüssen verschwindend gering.** So bleibt ihnen der Zugang zu vielen Berufen von vorn herein verwehrt. Aber auch die Bewerbung auf eine Lehrstelle oder auf einen Ausbildungsplatz endet für diese jungen Menschen häufig mit einer Enttäuschung. Viele Betriebe entscheiden sich für Bewerber mit Abitur. Da es ohnehin zuwenig Ausbildungsplätze in Deutschland gibt und so entsprechend viele Bewerber auf eine freie Stelle fallen, sind **die-jenigen mit Hauptschulabschluss oder Sonderschulabschluss im Wettbewerb benachteiligt.** Entsprechend hoch ist die Frustration bei den betroffenen Jugendlichen. Sie sind bei erfolgloser Arbeitssuche auf Sozialhilfe angewiesen, und so schließt sich der Kreis der Armut wieder. Sie hatten durch die Einkommensarmut ihrer Eltern nicht die Möglichkeit einer guten Schulbildung und beginnen nun in jungen Jahren eigene Armutskarrieren.

Dass es in unserer Wohlstands- und Bildungsgesellschaft solch traurige Schicksale gibt, stößt bei mir auf Unverständnis. Was gibt es schlimmeres, als wegen Geldmangels vom Gymnasium genommen zu werden? Ein Grund ist sicherlich, dass die Lernmaterialien, welche in der Schule benötigt werden, immer umfangreicher und teurer werden. So ist ein Computer schon in der Schule häufig empfehlenswert oder notwendig. Auch weil der Umgang mit diesem Medium in der heutigen Zeit bei jungen Menschen und Arbeitsuchenden häufig gefordert wird. Aber auch das Fahrgeld, die Schulbücher und ähnliches beeinflussen die elterlichen Entscheidungen bzw. Möglichkeiten in Bezug auf die Schulform ihrer Kinder.

Um wieder zum Ausgangspunkt meiner Ausführungen zu kommen, bleibt festzuhalten, dass es für die Kinder und Jugendlichen, die in den beschriebenen Verhältnissen aufwachsen, sehr schwer ist, aus dem Teufelskreis der Armut auszubrechen. So wird die niedrige Bildung mit all ihren Konsequenzen und negativen Auswirkungen an die nachfolgende Generation weitergegeben.

5.1.2 Die soziale Schicht - keine Unterstützung für die Kinder

Die soziale Schicht, in der Kinder aufwachsen, steht in engem Zusammenhang mit der finanziellen Situation der Familie. Arme Eltern sind häufig arbeitslos oder stehen in Niedriglohnarbeitsverhältnissen. Dass dieses ungünstige soziale Milieu Einfluss auf die Lebensbedingungen der Kinder vor allem auf ihre schulischen Möglichkeiten und Leistungen hat, gilt es im folgenden zu belegen.

Hock und Holz (2000) verweisen auf eine Längsschnittstudie aus den 70er Jahren (Edelstein), welche zu folgendem Ergebnis kommt. „**Kinder aus Armutsmilieus** sind durch die Kumulation von Risikofaktoren wie beengte Wohnverhältnisse, gerin-

ges Bildungsniveau der Eltern, geringe sozio-kulturelle Orientierung, restriktive Lebensbedingungen, einengender Erziehungsstil bereits **früh in ihrer Entwicklung beeinträchtigt, weniger jedoch in ihrer kognitiven als in der Kompetenz- und Leistungsentwicklung,** die aber für die Wahrnehmung von Bildungschancen von herausragender Bedeutung sind." (S. 53).
Kinder aus diesen Verhältnissen erleben die Leistungen, welche in der Schule von ihnen erwartet und abverlangt werden, häufig als Überforderung. Sie weisen Defizite in der Kommunikationsfähigkeit und anderen Leistungsmerkmalen auf. Diese Einschränkungen können zu Schwierigkeiten und mangelhafter Integration in der Schule führen. Hock und Holz (2000) beziehen sich im weiteren auf Mansel (1998), welcher in einer Studie mit 114 Jugendlichen aus Armutsverhältnissen feststellen konnte, dass Heranwachsende, die in benachteiligten Familien leben, große Probleme in der Schule aufweisen. Sie stehen häufig unter Leistungsdruck und haben Angst zu versagen. Des weiteren gehören diese Kinder und Jugendlichen zu der Gruppe, die häufig ein Schuljahr wiederholen müssen. Innerhalb der Ausbildung fielen diese Jugendlichen ebenfalls durch Probleme auf, wie zum Beispiel nicht bestandene Prüfungen oder Ärger mit dem Chef. Insgesamt sind Heranwachsende aus den unteren Schichten mit ihrer Leistung nicht zufrieden. Durch die Schwierigkeiten in Schule und Ausbildung, welche bei diesen Kindern verstärkt auftreten, erhöht sich entsprechend die Angst vor der Zukunft. Viele der Befragten äußerten hauptsächlich Furcht vor Arbeitslosigkeit. Rössel (1998) fasst einige Ergebnisse zusammen, die bei einer Untersuchung der sozialen Stellung von Kindern in Obdachlosensiedlungen in Regelschulen herausgestellt wurden. Die Leistungen dieser Kinder wurden von der Schule als unterdurchschnittlich bewertet. Die sozial benachteiligten Kinder wurden von den Lehrkräften als faul, unbegabt und desinteressiert beschrieben. „ Bezeichnend scheint, daß 60 bis 70% dieser Kinder auf die Sonderschule für Lernhilfe überwiesen wurden, obwohl 12% der Kinder fähig gewesen wären, das Gymnasium zu besuchen. Die Realität zeigt, daß Sozial benachteiligte Kinder nur in den seltensten Fällen einen höheren Bildungsabschluß anstreben" (Rössel, 1998, S. 76). Im weiteren schreibt Rössel (1998) von einer Kluft, die zwischen den Kindern der verschiedenen sozialen Schichten in Bezug auf ihre Bildung entstanden ist.

Hock & Holz (1998) verweisen auf Block und Klemm (1997), wonach Ende der 80er Jahre ein Arbeiterkind eine rund zwölfmal geringere Chance hatte, das Gymnasium zu besuchen als ein Beamtenkind.

Grundmann (2001), konnte einen Zusammenhang der sozialen Schicht auf die schulische Leistungsentwicklung feststellen. So zeigte sich bei seiner Analyse, dass Kinder aus einer niedrigen sozialen Lage „in ihrer Kognitiven Entwicklung und den schulischen Leistungen schlechter abschneiden als Kinder aus den oberen sozialen Lagen." (S. 221). Weiterhin belegt Grundmann (2001), dass die oft problematischen Sozialisationsbedingungen in der Familie der unteren sozialen Schicht einen negativen Einfluss auf die Schulleistungen der Kinder haben. Auch in Bezug auf die erreichten Bildungsabschlüsse schneiden Kinder bzw. Jugendliche aus niedrigen sozialen Lagen schlechter ab. Sie beenden die Schule sehr oft mit dem geringsten Bildungsabschluss.

Der soziale Status der Familie wird vor allem durch den Beruf der Eltern bestimmt. Ein in der Gesellschaft anerkannter Beruf stärkt das Selbstvertrauen und die Lebenszufriedenheit der arbeitenden Person. Aber auch die übrigen Familienangehörigen profitieren von einer Erwerbstätigkeit der Eltern. Für die Bildungsentscheidung ist demgemäß der Beruf und die damit verbundene soziale Schicht von Bedeutung. Je besser die soziale Lage der Familie desto höher sind auch die Bildungsaspirationen der Eltern und der Kinder. Schlemmer (1998) beschreibt ein Projekt der Universität Bamberg, in dem 10-12 jährige Kinder an 16 bayrischen Grundschulen untersucht wurden. Unter anderem stellte sich heraus, dass „(...) die Arbeitslosigkeit des Vaters den Schulerfolg des Kindes negativ beeinflußt, da damit sozialer Abstieg und ökonomische Restriktion verbunden sind." (S.141). Mit der Arbeitslosigkeit des Vaters verschlechtert sich die soziale Stellung der Familie maßgeblich. Daneben verringern sich auch die Chancen der Kinder, ein Gymnasium zu besuchen. „Der Verlust des Arbeitsplatzes bewirkt einen sozialen Abstieg, der die gesamte Familie betrifft." (Neuberger, 1997, S.94). Es gibt folglich einen unmittelbaren Einfluss der sozialen Schicht auf die Teilhabemöglichkeiten der Kinder in Bezug auf die Schulbildung. Viele Eltern der unteren sozialen Schicht sind weniger bereit, das Risiko, welches durch eine längere Schullaufbahn entsteht, inkaufzunehmen. Neuberger (1997) schreibt, dass sich die Kinder, die in niedrigen sozialen Schichten leben, vermehrt in die Familie zurückziehen. Auch die Eltern brechen aufgrund von Arbeitslosigkeit und Armut sukzessiv ihre sozialen Kontakte ab. Ebenso wird der Kontakt zur Schule von den Eltern nicht mehr aufrechterhalten. Sie sind weniger bereit, mit der Institution zusammenzuarbeiten. Somit können schulische Probleme der Kinder nicht mehr gemeinsam mit den Lehrern und Eltern angegangen werden. Neuberger (1997) stellt weiter fest, dass sich die Kinder aus unterprivilegierten Familien in der Schule oft weniger anstrengen. Sie zweifeln allmählich am Sinn der schulischen Ausbildung und verwerfen ihre Zukunftspläne. Diese Entwicklung wird durch die schlechteren Leistungen, die ein solches Verhalten mitsichbringt, noch verstärkt.

Festzuhalten bleibt, dass diese negativen Auswirkungen einer sozialen Schicht, die ich beschrieben habe, nicht bei allen von Armut betroffenen Familien zu beobachten ist. Viele Eltern tun alles, was in ihrer Macht steht, um ihren Kindern die besten Chancen für die Zukunft zu ermöglichen. Sie vernachlässigen ihre eigenen Wünsche und Bedürfnisse zugunsten der Kinder. Vor allem bei länger andauernder Armut ist das ein schwieriges Unterfangen (Walper 1997).

Kommentar:

Kinder und Jugendliche, die mit ihrer Familie in einem ungünstigen sozialen Milieu aufwachsen, haben häufig nur eingeschränkte Teilhabemöglichkeiten am Bildungssystem in Deutschland. Die Eltern, die aufgrund von Arbeitslosigkeit oder anderen kritischen Lebensereignissen einen Wendepunkt in ihrem Leben erreichen, stehen oft ohnmächtig in der neuen Situation. Nicht selten müssen sie innerhalb kurzer Zeit ihr gewohntes Umfeld verlassen und in ein schlechteres Wohnviertel umsiedeln. Dies hat zur Folge, dass viele ihren Freunden und Bekannten aus Scham den Rücken zukehren. Sie ergeben sich dem neuen Schicksal und resignieren.

Dieser Lebenswandel birgt **vor allem für die Kinder und Jugendlichen Gefahren**. Oft ist mit einem Umzug auch ein Schulwechsel verbunden. Die Eltern der Kinder, die vielleicht bis zu diesem Zeitpunkt eine hohe Bildungsaspiration hatten, sind nun oft nicht mehr bereit oder in der Lage, daran festzuhalten. Sie scheuen die Risiken, die mit einem längeren Bildungsweg einhergehen, und drängen auf einen möglichst kurzen Weg in das Berufsleben. Das bedeutet für die Kinder, dass sie die Real-

oder Hauptschule besuchen müssen. Vor allem die Hauptschulen haben bei vielen Kindern und Jugendlichen einen schlechten Ruf. So ist mit dem Besuch dieser Schule ein negatives Image verbunden, was für die Betroffenen als sehr belastend empfunden wird. **Die geringen Möglichkeiten auf dem Arbeitsmarkt,** die ein Hauptschulabschluss nachsichzieht, habe ich schon erwähnt. Aber nicht nur bei den Kindern und Jugendlichen hat die Hauptschule einen schlechten Stellenwert. Insgesamt ist es für Hauptschüler schwieriger, sich in die Gesellschaft zu integrieren, als für Menschen mit höherer Schulbildung.

Kinder, die in einem ungünstigen sozialen Milieu heranwachsen und deren Familien vielleicht schon über Generationen in Armut leben, haben häufig selber ihre Bildungsansprüche „heruntergeschraubt". Ihre schulischen Leistungen sind durch das soziale Umfeld sowie die Bedingungen, die sie dort vorfinden, mangelhaft.

Wie schon oben beschrieben, haben die Eltern oft keine Ambitionen mehr an die Schule. Sie nehmen an keinen Elternabenden teil und verweigern auch sonst jegliche Zusammenarbeit mit der Schule. Dieses Verhalten von Seiten der Eltern kann allerdings auch durch die Schule und die Lehrer verstärkt oder ausgelöst werden. **Die Lehrer sind häufig überfordert** und können mit den auffälligen und sozial schwächeren Schülern nicht umgehen. Die Situation in einer Hauptschulklasse kann folglich dazu führen, dass die Lehrer resignieren und ihrerseits keine Kontakte mehr mit den Eltern in die Wege leiten. Diese Situation ist in vielen Schulen, und zwar verstärkt in sozialen Brennpunkten, zu beobachten. Meiner Ansicht nach kann dieser Zustand entschärft werden, indem mehr Mittel für die Schulsozialarbeit bereitgestellt werden. Wenn die sozial auffälligen Schüler von Fachkräften in der Schule unterstützt werden und im Zuge dieser Maßnahmen auch die Familie mit einbezogen wird, kann sich die Situation der Betroffenen verbessert. Dabei sollten die Ursachen der Schulprobleme und Verhaltensauffälligkeiten auch im außerschulischen Bereich gesucht werden.

Eine andere Ursache für das Zurückziehen der Eltern ist sicherlich die Angst vor Stigmatisierungen. Viele Eltern schämen sich aufgrund ihrer Armut und vermeiden daher den Gang zum Elternabend oder zur Sprechstunde. So erfahren sie nichts über eventuelle Schwierigkeiten ihrer Kinder.

Die Kinder sind somit auf sich alleine gestellt. Sie müssen aus eigener Kraft versuchen, die Schule erfolgreich zu beenden, um eine Chance zu haben, vom Mainstream der Gesellschaft anerkannt zu werden. Wie schwer das für ein Kind aus einer niedrigen sozialen Schicht ist, kann man sich vorstellen. Oft wird man in der Schule von den Mitschülern ausgegrenzt und aufgrund der niedrigen sozialen Herkunft stigmatisiert. Neuberger (1997) berichtet, **dass die Kinder versuchen, die Arbeitslosigkeit der Eltern zu verheimlichen,** da sie solche Reaktionen befürchten und vermeiden wollen. Diese Verhältnisse zu verstecken, ist jedoch für die Kinder auf Dauer fast unmöglich. Oft orientieren sie sich an Gleichaltrigen aus ähnlichen sozialen Milieus. Durch diese Reaktion werden die Kinder jedoch erneut an den Rand der Gesellschaft gedrängt. Ihre Chancen auf einen guten Schulabschluss verschlechtern sich mehr und mehr, da sie schließlich den Glauben an sich verlieren. Im schlimmsten Fall beenden sie ihre Schullaufbahn **ohne Abschluss.** Sie haben somit verschwindend geringe Chancen auf Integration in den Arbeitsmarkt. In Deutschland gibt es jährlich rund 80.000 Jugendliche, welche die Schule ohne Hauptschulabschluss verlassen (Internet 5).

Das Aufwachsen in einem niedrigen sozialen Milieu kann aber auch direkte Konsequenzen für die Entwicklung der Kinder haben. Dies wirkt sich wiederum auf das Verhalten in der Schule aus. So haben diese Kinder oft sprachliche Probleme, Konzentrationsschwierigkeiten und sind weniger aufnahmefähig. Diese Defizite können unter anderem durch die oft chaotischen Verhältnisse in der elterlichen Wohnung, auf die ich an anderer Stelle näher eingehen werde, entstehen.

Dass eine niedrige soziale Schicht für eine kindgerechte Entwicklung und Ausbildung wenig förderlich ist, habe ich in meinem Ausführungen deutlich machen können. Doch sollte man sich vor einer Pauschalisierung in acht nehmen. Nicht jedes Kind aus armen Verhältnissen durchläuft eine solch negative Karriere. Es gibt innerhalb der Familien Faktoren, die einer solchen Entwicklung entgegenwirken. Ein wichtiger Aspekt ist das Bildungsniveau der Eltern. Im folgenden Passus werde ich mich auf diesen Gesichtspunkt konzentrieren.

5.1.3 Elterliche Bildungsressourcen - Vererbung der niedrigen Schulbildung

In den vorangegangenen Kapiteln wurde die Bedeutung von ökonomischen Ressourcen im Hinblick auf den Bildungserfolg hervorgehoben. Es ist deutlich geworden, dass die finanzielle Situation einer Familie entscheidend sein kann, welche weiterführende Schule das Kind besuchen wird.

Aber nicht nur Geld allein ist ausschlaggebend. In diesem Abschnitt sollen die Bildungsressourcen der Eltern im Mittelpunkt stehen.

Die elterlichen Bildungsressourcen stellen einen wichtigen Einflussfaktor für die Schulbildung der Kinder dar. In der Literatur werden gute Bildungsabschlüsse der Eltern als wichtige Schutzfaktoren für die Kinder hervorgehoben. Walper (1988) konnte feststellen, dass die Bildungsabschlüsse der Eltern direkten Einfluss auf die Schulbildung der Kinder nehmen. Sie bezieht sich auf Analysen des Berliner Jugendlängsschnitts, aus dem hervorgeht, dass Eltern mit niedrigen Bildungsabschlüssen bei finanziellen Schwierigkeiten eine kurze Schullaufbahn bevorzugen. Diese Eltern wünschen sich einen raschen Berufseintritt ihrer Kinder, um die angespannte Situation zu entlasten. Auf der anderen Seite sind Eltern mit höherer Schulbildung im Falle von Einkommenseinbußen seltener anfällig, durch die prekäre finanzielle Lage von ihren Bildungsaspirationen abstand zu nehmen.

In solchen Handlungen deutet sich die Gefahr einer Vererbung der niedrigen Schulbildung an. Eltern mit minimalen Schulabschlüssen verzichten häufig auf längere Ausbildungswege ihrer Kinder. Gleichzeitig beschneiden sie dadurch auch die Chancen der Kinder, aus der Armut herauszukommen und später ein Leben in weniger schlechten Verhältnissen führen zu können. Daher kann eine niedrige Schulbildung an die nächste Generation vererbt werden.

Becker und Nietfeld (1999) weisen im Rahmen ihrer Längsschnittstudie auf verschiedene Faktoren und Vorteile hin, die eine höhere Bildung mitsichbringt. Eltern, die in ihrer Kindheit und Jugend eine gute Schulbildung genießen konnten, verfügen über Erfahrungswerte, die den Kindern positiv zugute kommen. Sie kennen den Alltag in der Schule sowie die Funktion des Schulsystems. Des weiteren wissen sie um die Wichtigkeit eines guten Abschlusses. Somit ist ihnen die Tragweite, die eine Bildungsentscheidung haben kann, bewusst. Diese Eltern wissen folglich wie sich der Schulalltag gestaltet, was von den Kindern verlangt wird, wie sie die Kinder unterstützen können und sind bereit, in die Ausbildung der Kinder zu investieren. Kinder und Jugendliche aus einem Haushalt mit guten Bildungsressourcen sind besser auf die Schule vorbereitet. Sie lernen von den Eltern die Normen, Werte und Verhaltensweisen, die ebenfalls in der Schule erwartet werden. Das familiäre Klima in einer solchen Familie wirkt sich positiv auf die kindliche Sozialisation aus. Walper (1988) weist ebenso auf die Möglichkeit hin, dass fehlendes Vertrauen in das Ausbildungssystem Eltern mit niedriger Bildung zweifeln lässt. Dieser Vertrauensverlust entsteht sicherlich auch dadurch, dass die Eltern das Schulsystem nicht kennen und somit von einer ausgeprägten Bildung ihrer Kinder Abstand nehmen.

Becker und Nietfeld (1999) verweisen in ihrem Beitrag auf Engel und Hurrelmann (1989), die feststellten, dass sich die Beteiligung an schulischen Aktivitäten wie Gesprächen mit den Lehrern, Veranstaltungen und ähnliches hauptsächlich auf Mütter mit guter Schulbildung und hohen Bildungsaspirationen beschränkt. Mütter mit niedrigem Bildungshintergrund sind demgemäß über die Schulleistungen ihrer Kinder oft nicht informiert. Walper (1988) konnte belegen, dass die Bildungsressourcen der Eltern entscheidenden Einfluss darauf haben, ob Jugendliche in Armutssituationen problematisches Verhalten aufweisen. Es stellte sich heraus, dass Jugendliche, deren Eltern nur über geringe Bildungsressourcen verfügen, häufiger bereit sind, ein solches Verhalten anzunehmen.

Kinder werden also in einer Familie mit hohen Bildungsressourcen durch eine angemessene, liebevolle Erziehung, durch eine intakte Kommunikation und durch elterliche Unterstützung gut auf die Anforderungen der Schule vorbereitet. Auch können diese Eltern besser mit einer finanziellen Notlage und den damit verbundenen Problemen und Stresssituationen umgehen.

In von Arbeitslosigkeit und Armut betroffenen Haushalten der niedrigen Bildungskategorie häufen sich dagegen Streitigkeiten, restriktive Erziehungsstile und weitere Konflikte, die durch fehlende Ressourcen bei der Bewältigung der prekären Lage entstehen. Kinder lernen den Umgang mit der Armut und den deprivierten Bedingungen von ihren Eltern. Je souveräner und geschickter die Eltern mit der schwierigen Situation zuhause umgehen, desto besser kommen auch die Kinder in Familie, Schule und Nachbarschaft zurecht (Hölscher, 2003).

Becker und Nietfeld (1999) untersuchten 203 junge Menschen während des Wechsels in die Sekundarstufe I und kamen unter anderem ebenfalls zu dem Ergebnis, dass sich die Schulbildung der Eltern auf die Schullaufbahn der Kinder auswirkt. Kinder, deren Eltern Abitur gemacht haben, weisen eine 3,3-mal höhere Chance auf, ebenso ein Gymnasium besuchen zu können, im Vergleich zu Kindern von Eltern mit niedrigeren Schulabschlüssen. „Rund 43,3 Prozent der Kinder von Eltern, die Realschulniveau besitzen, wechselten in die Realschule über, während 61,4 Prozent der Kinder mit hochgebildeten Eltern ebenfalls auf das Gymnasium wechselten." (S. 70). Die geringsten Chancen ein Gymnasium zu besuchen, hatten die Kinder, deren Eltern das niedrigste Bildungsniveau aufwiesen.

Des weiteren wird in der Studie die Bedeutung von sozialem und kulturellem Kapital hervorgehoben, welches in Zusammenhang mit dem Bildungsniveau der Eltern steht. Eltern aus den oberen Bildungskategorien versuchen trotz Arbeitslosigkeit und Armut gemeinsam mit den Kindern, kulturelle Veranstaltungen zu besuchen, die Eltern-Kind-Interaktionen aufrechtzuerhalten und dem Kind eine angemessene Erziehung zu bieten. Auch Hölscher (2003) berichtet, dass diese Gruppe von Eltern den Kindern mehr bildungsrelevante Ressourcen vermittelt. „Freizeitbeschäftigungen wie Musizieren, Lesen, kreative Hobbys und die Mitgliedschaft in Vereinen ermöglichen den Erwerb sozialer und kultureller Qualifikationen, die sich vielfach auch auf den Schulerfolg auswirken. (...) Kinder aus so genannten bildungsfernen Familien werden auf diese Weise bereits beim Eintritt in die Grundschule benachteiligt, da sie im Unterschied zu vielen anderen Kindern noch keine ersten Lese- und Rechenfertigkeiten mitbringen." (S. 52).

Die Sozialisationsbedingungen der Kinder und Jugendlichen aus armen Verhältnissen werden vom Bildungsniveau der Eltern mitbestimmt. Somit wird auch der schulische Erfolg von diesen Bedingungen beeinflusst.

Hölscher (2003) weist außerdem auf das Problem hin, dass auffällige Jugendliche mit gestörtem Sozialverhalten oder sonstiger abweichender Haltung dem Risiko ausgesetzt sind, von ihrer Schule „(...) in eine niedrigere Schulform zurückgestuft zu werden." (S. 54). Kinder, die in der Familie wenig soziale Kompetenz entwickeln konnten, geraten in der Schule häufig in Konflikte und ihre Lernleistungen werden von den Lehrern als schwach eingestuft. Diese Selektion seitens der Lehrer wird auch von Becker und Nietfeld (1999) beschrieben. Schüler aus bildungsfernen Haushalten bringen oft nicht die notwendigen Leistungen und werden so von den Lehrern an eine niedrige Schule empfohlen. Im weiteren verweisen Becker und Nietfeld auf eine Studie von McLoyd (1989), welche belegt, dass Lehrer die Schüler aus dem Arbeitermilieu für weniger geeignet halten, das Gymnasium zu besuchen, als Schüler der Mittelschicht. Daneben schildern sie eine Bremer Untersuchung von Schindler und Wetzels (1985), aus der hervorgeht, dass die Zahl der Schüler, die mit den Auswirkungen von Arbeitslosigkeit zu kämpfen haben, von den Lehrern unterschätzt wird.

Hock und Holz (2000) stellen in ihrem Bericht eine Studie von Lauterbach/Lange/Wüest-Rudin (1999) vor, die zu ähnlichen Ergebnissen kommt. Jugendliche von Eltern mit niedrigem Bildungsstatus verlassen häufiger die Schule nach der 10. Klasse. Zusätzlich schaffen Jugendliche aus armen Verhältnissen seltener den Weg in das Ausbildungssystem als Gleichaltrige aus weniger benachteiligten Familien.

Steiner (2001) erfährt bei ihrer Befragung von 467 Schülern aus Ostdeutschland, dass viele Jugendliche, welche die Hauptoder Realschule besuchen, aus einem Elternhaus mit niedrigem Bildungsniveau stammen. Im Gegensatz dazu besuchen nur 2 Prozent der Kinder aus einer Akademikerfamilie die Haupt- oder Realschule. Diese Untersuchungsergebnisse weisen erneut auf eine sogenannte Bildungsvererbung hin.

Kinder und Jugendliche werden folglich häufiger von Eltern mit niedrigem Bildungshintergrund mit reduzierten Bildungsaspirationen bedacht. Walper (1988) konnte bei diesen Kindern aus weniger gebildeten Schichten eine Gegenreaktion feststellen. Gerade diese Kinder und Jugendlichen strengen sich häufig in der Schule besonders an und versuchen, gute Leistungen zu erbringen. Dieses Verhalten zeigt, dass viele dieser Kinder und Jugendlichen sich nicht mit der Situation abfinden wollen. Sie versuchen aus eigener Kraft, durch gute Schulnoten und damit verbunden auch durch gute Zeugnisse, aus der Armut herauszukommen. Ein anderer Grund für die überdurchschnittlichen Anstrengungen in der Schule liegt nach Walper darin, dass diese Kinder und Jugendlichen im Sinne der Eltern möglichst schnell die Schule beenden möchten, um eigenes Geld zu verdienen und so die Familie unterstützen zu können. Sie schlagen demzufolge eine möglichst kurze Schul- und Ausbildungslaufbahn ein. Dadurch steigt wiederum die Gefahr, dass sich die prekäre Situation der Eltern über Generationen verfestigt. Allerdings muss an dieser Stelle festgehalten werden, dass es dem überwiegenden Teil der Kinder aus Armutsfamilien gelingt, die Armutslage zu überwinden (Buhr, 2001).

Kommentar:

Die Bildungsressourcen der Eltern haben einen großen Stellenwert bei der Entscheidung, welche Schule das Kind besuchen soll. Eine gute, umfangreiche Schulbildung der Eltern wirkt sich in der Regel positiv auf die Bildungsaspiration für die Kinder aus.

Aber auch in Bezug auf eine kindgerechte, angemessene Erziehung und Entwicklung ist eine hohe Bildung der Eltern vorteilhaft. Kinder aus einem gebildeten Elternhaus bekommen die Auswirkungen der Armut nicht so deutlich zu spüren wie Kinder mit geringeren elterlichen Bildungsressourcen. Dies ist sicherlich eine sehr pauschale Aussage, aber ich denke angesichts der Studien zur Bildungstransformation ist mehrfach bewiesen worden, dass die Kinder aus einem gebildeten Elternhaus signifikant häufiger ebenfalls eine gute Schulbildung absolvieren können. Daraus kann man den Rückschluss ziehen, dass diese Kinder auch im familiären Alltag bessere Entwicklungsbedingungen vorfinden und von den Eltern vermehrt unterstützt werden. Die Eltern schränken sich in ihren Konsumwünschen und Bedürfnissen so weit es geht ein. **Oberste Priorität liegt in der Erziehung und Ausbildung der Kinder**. Sie wissen, wie schwer es in der heutigen Zeit in Deutschland ist, eine Arbeitsstelle zu finden. Daher versuchen sie, den Kindern die bestmöglichen Voraussetzungen zu bieten, und investieren die knappen finanziellen Ressourcen in die Bildung der Kinder.

Neben der Möglichkeit auf eine gute Schulbildung haben diese Kinder auch mehr Chancen auf **Teilhabe am kulturellen Leben**. Die Eltern versuchen trotz Armut und Arbeitslosigkeit, kindspezifische kulturelle Angebote wahrzunehmen. Sie wichen dabei vermehrt auf kostengünstige oder unentgeltliche Veranstaltungen aus. Kinderfeste oder sonstige häufig vom Jugendamt oder der Stadt angebotene Möglichkeiten werden von diesen Familien dankbar in Anspruch genommen. Die Eltern suchen gezielt nach solchen Gelegenheiten, um den Kindern trotz eingeschränkter Mittel im Alltag etwas bieten zu können. Innerhalb der Familie bemühen sich die Eltern, finanzielle Schwierigkeiten vor den Kindern zu verbergen. Ebenso werden die damit verbundenen Konflikte und Streitpunkte zwischen den Eltern nicht in Gegenwart der Kinder ausgetragen. Somit wirkt sich die Armut weniger negativ auf das Erziehungsverhalten aus.

Ein weiterer wichtiger Aspekt, der sich förderlich auf die Entwicklung der Kinder auswirken kann, ist meiner Ansicht nach **die Zeit, die Eltern mit ihren Kindern verbringen.** Wenn die kindlichen Bedürfnisse nach Zuwendung und Verständnis gerade in schwierigen Zeiten erfüllt werden, wenn die Eltern mit dem Kind spielen, ihm zuhören und zu sinnvollen Tätigkeiten motivieren, wirkt sich dieses Verhalten positiv auf das Aufwachsen in Armut aus. **In vielen Familien, verstärkt in bildungsfernen, sieht der Alltag jedoch ganz anders aus.** Die Probleme, die mit der Armut einhergehen, wirken sich belastend auf das Familienklima aus. Die Eltern streiten sich häufig und vernachlässigen dadurch die Erziehung und die Beschäftigung mit den Kindern. Die Heranwachsenden sind auf sich allein gestellt und können von den Eltern kaum Unterstützung erwarten. Ein solch wenig kindgerechtes Familienklima hat natürlich auch Folgen für die schulischen Leistungen der Kinder.

Wenn Mutter und Vater das Kind bei den Hausaufgaben nicht unterstützen, in der Wohnung häufig gestritten wird und das Kind die meiste Zeit des Tages vor dem Fernseher und mit Videospielen verbringt, sind schlechte Leistungen in der Schule vorprogrammiert. Für Kinder, die unter solch belastenden Bedingungen aufwachsen, ist es sehr schwierig, einen guten Schulabschluss zu erreichen. Insbesondere dann, wenn die Eltern den Bildungswünschen der Kinder nicht entsprechen.

Die empirischen Ergebnisse zeigen die Tendenz, dass eine niedrige Schulbildung an die nächste Generation weitergegeben wird. Meiner Ansicht nach müssten gerade Eltern mit niedrigen Bildungsressourcen großen Wert auf eine gute Schulbildung ihrer Kinder legen. Durch die eigenen negativen Erfahrungen, welche maßgeblich in Zusammenhang mit den niedrigen Schulabschlüssen stehen: Arbeitslosigkeit, Armut, soziale Isolation, Stigmatisierungen u.ä. könnte man annehmen, dass die Eltern alles dransetzen, ihren Kindern eine gute Schulbildung zu ermöglichen. Allerdings muss man auch beachten, dass eine Sozialisation in Armutsbedingungen prägt. Viele der Betroffenen haben selbst ihre Kindheit in Armut verbracht und geben so die niedrige Bildungsaspiration ihrer Eltern an die eigenen Kinder weiter.

Mit den miserablen Wohnbedingungen, in denen viele von Armut betroffene Familien leben, sowie mit den daraus resultierenden Auswirkungen auf die Entwicklung und Schulbildung der Kinder, möchte ich mich auf den nächsten Seiten beschäftigen.

5.1.4 Die Wohnbedingungen in Armut - kein eigenes Zimmer für das Kind

„Ich seh auch, wenn ich bei meiner Freundin bin, das ist voll ruhig bei denen, das ist voll schön. Die hat auch ein eigenes Zimmer und ihr Bruder auch und die Eltern auch, klar, dann ist sie in ihrem Zimmer, macht Hausaufgaben und dann ist die Tür zu, voll ruhig die ganze Wohnung, da schreit keiner rum, macht nicht ganz das Fernsehen auf oder so. Ja und dann die Mutter oder irgendwer, [...] wenn einer reinkommt, klopfen die erst mal an. Und dann sagt sie 'Ja' und dann kommen sie rein und reden ganz normal, ganz leise und so. Das ist voll schön" " (Hölscher, 2003, S. 199).

Diese Aussage einer Jugendlichen ist oder war für viele von uns Realität zu Hause. In der Regel hatten wir ein eigenes Zimmer, in das wir uns zurückziehen konnten, das wir nach unseren Wünschen und Vorstellungen gestalten durften und in dem unsere Privatsphäre gesichert war.

Dieser Zustand ist aber längst nicht für alle Kinder in Deutschland die Realität.

Viele Menschen, die von Armut betroffenen sind, leben in engen Wohnungen, in denen es vor allem für die Kinder keine Rückzugsorte gibt. Ein eigenes Zimmer oder einen anderen Ort, an dem man seine Ruhe hat, ist für Kinder und Jugendliche von großer Bedeutung (Hölscher, 2003). Insbesondere in Familien, in denen vermehrt Spannungen auftreten, leiden die Kinder und Jugendlichen unter der beengten Situation.

Aufgrund der eingeschränkten finanziellen Ressourcen leben verstärkt Familien mit Kindern in kleinen Wohnungen innerhalb wenig kindorientierter Wohngebiete. Durch die Kumulation der Problemlagen ist die Stimmung in der Familie angespannt, was wiederum das Erziehungsverhalten der Eltern negativ beeinflusst. Die beengten Wohnbedingungen bieten den

Kindern nur sehr eingeschränkte Lern- und Erfahrungsräume (Richter, 2000). Diese Faktoren wirken sich negativ auf die Schulleistungen der Kinder und Jugendlichen aus (Breitfuss & Dangschat, 2001).

Besonders heikel sind die Bedingungen für die Kinder und Jugendlichen, die nicht einmal ein Bett für sich alleine haben. Von diesem Phänomen berichten Hölscher (2003) und Salz (1991). Während meiner Arbeit mit Kindern und Jugendlichen aus einem sozialen Brennpunkt in Dortmund habe ich ebenfalls Kinder kennengelernt, die sich das Bett mit den Geschwistern teilen müssen. Ich denke, vor allem mit zunehmendem Alter ist das eine Situation, welche von den Betroffenen als sehr belastend empfunden wird. Die Kinder und Jugendlichen aus dem Dortmunder Brennpunkt, verbringen die meiste Zeit des Tages außerhalb der elterlichen Wohnung. Sie ziehen mit ihren Freunden um die Häuser oder nutzen die Angebote des Jugendamtes in ihrem Stadtviertel. Viele gehen nur zum Essen, Fernsehen und Schlafen nach Hause. Sie haben zum größten Teil mehrere Geschwister, leben allerdings in viel zu kleinen Wohnungen, in denen sie keinen Ort für sich alleine haben. Hölscher (2003) berichtet von Jugendlichen, die in der elterlichen Wohnung nur zur Ruhe kommen, wenn sie sich in der Toilette einschließen oder sich in eine Abstellkammer zurückziehen.

Armut hat folglich direkte Auswirkungen auf die Wohnung, auf die Wohnlage und auf die Wohnungsausstattung der Betroffenen.

Schon seit langem ist das Problem des Wohnraummangels in Deutschland bekannt. Insbesondere in den Großstädten fehlt es an bezahlbaren Wohnungen, hauptsächlich für Familien mit Kindern (Bieligk, 1996; Breitfuss & Dangschat, 2001). Problematische Wohnbedingungen ergeben sich verstärkt für ausländische Familien (Breitfuss & Dangschat, 2001; Boos-Nünning, 2000). Daneben ist es auch für Alleinerziehende und Familien mit vielen Kindern sehr schwer, auf dem Wohnungsmarkt Fuß zu fassen. Sie verfügen nur über sehr eingeschränkte finanzielle Mittel, benötigen jedoch aufgrund der Kinder relativ große Wohnmöglichkeiten. Selbst wenn ausreichend Geld für eine Wohnung zu Verfügung steht, sind die Chancen, sich gegen die Konkurrenz durchzusetzen, nur sehr gering. Vielfach ist schon alleine die Tatsache, dass Kinder vorhanden sind, ein Grund für die Vermieter, kinderlose Bewerber zu bevorzugen. In vielen Mietshäusern sind Kinder unerwünscht. Bieligk (1996) schreibt von einer Fehlentwicklung auf dem Wohnungsmarkt. Es gibt zu wenig Wohnungen für Einpersonenhaushalte, so dass die gewachsene Zahl der Singlehaushalte überwiegend in Mehrzimmerwohnungen lebt.

„ " Überspitzt formuliert könnte man sagen, daß in Leipzig kleine Haushalte in großen Wohnungen, große Haushalte jedoch in kleinen Wohnungen wohnen. Vor allem Familien mit mehreren Kindern wohnen überdurchschnittlich häufig in zu kleinen Wohnungen" " (Bieligk, 1996, S. 57, zit. n. Tschense, 1995). Diese Beschreibung kann durchaus auch auf andere Städte übertragen werden. Familien haben daher nur sehr geringe Möglichkeiten und Chancen, in eine angemessene Wohnung ziehen zu können. Sie müssen sich aus diesem Grund mit der einschränkenden Situation abfinden und versuchen, das Zusammenleben in einer kleinen Wohnung zu meistern. Mutschler (1995) führt die gestiegenen und immer noch steigenden Mieten und den Mangel an preiswerten Wohnungen als Hauptursache dafür auf, dass viele einkommensschwache Haushalte im Bereich Wohnen unterversorgt sind.

Bieligk (1996) bezieht sich auf eine Studie von Sengling (1994), um zu veranschaulichen, dass Kinder und Jugendliche die Hauptbetroffenen von Wohnraummangel sind. Demnach leben rund 40% der Kinder im Osten und 33 % im Westen in zu kleinen Wohnungen. Im Vergleich zur Gesamtbevölkerung ergibt sich demgemäß, dass Kinder doppelt so oft unter fehlendem Wohnraum zu leiden haben.

Von Armut betroffene Menschen leben häufig in benachteiligten Stadtteilen, welche in der Literatur als soziale Brennpunkte bezeichnet werden. Durch den Wandel der Armut sind heute zunehmend auch Haushalte der Mittelschicht von Armut bedroht. Arbeitslosigkeit, Geburt eines weiteren Kindes, steigende Mieten und anderen Belastungsfaktoren und kritische Lebensereignisse können dazu führen, dass Familien ihre bisherige „gute" Wohngegend verlassen müssen und in einen sozialen Brennpunkt umsiedeln (Bieligk, 1996). Besondere Brisanz ergibt sich aus der großen Zahl der Kinder und Jugendlichen, welche in diesen sozialen Brennpunkten leben. Bieligk (1996) beruft sich auf Kürner (1994), der den Anteil der Kinder und Jugendlichen in diesen Wohngebieten bei 30 - 40 Prozent festlegt.

Speziell für Kinder und Jugendliche birgt ein Aufwachsen in benachteiligten Wohnvierteln Gefahren. Sie finden dort denkbar schlechte Bedingungen für ihre Entwicklung und Entfaltung vor.

Soziale Brennpunkte liegen in der Regel am Rande der Stadt, häufig in der Nähe von Müllkippen, Bahngleisen oder Kläranlagen. Es sind „ „Wohngebiete, in denen Faktoren, die die Lebensbedingungen ihrer Bewohner und insbesondere die Entwicklungschancen von Kindern und Jugendlichen negativ bestimmen, gehäuft auftreten" " (Salz, 1991, S. 9, zit. n. Deutscher Städtetag, 1979). Die beengten Wohnverhältnisse werden von Czock, Riedel und Schirowski (1994) als besonders belastende Faktoren hervorgehoben. In sozialen Brennpunkten kommt es zu einer Kumulation von Problemlagen. Zusätzlich werden die Lebensbedingungen durch Beziehungsprobleme und Schulversagen der Kinder erschwert. Hier leben vermehrt Arbeitslose, Sozialhilfeempfänger, Menschen multikultureller Nationalität und unvollständige Familien. Zudem gibt es eine hohe Zahl Alkoholkranker. Den Kindern fehlt es dort an emotionaler Zuwendung und einer souveränen Erziehung. Viele von ihnen besuchen eine Sonderschule. (Salz, 1991; Breitfuss & Dangschat, 2001). In diesen Betonsiedlungen, in denen kaum Spielmöglichkeiten für die Kinder vorhanden sind, deren Anwohner nicht nur räumlich sondern auch sozial an den Rand der Gesellschaft gedrängt werden, sind die Heranwachsenden schon sehr früh auf sich alleine gestellt. Aufgrund der meist schlechten Anbindung an das öffentliche Verkehrsnetz und die unvorteilhafte Lage der Siedlung mit wenig Freizeit- und Bildungsangeboten haben die Kinder und Jugendlichen kaum Möglichkeiten, die beengten Wohnverhältnisse zu kompensieren. Sie müssen sich in ihrem Problemstadtteil Entfaltungs- und Spielmöglichkeiten suchen (Bieligk,1996). Kino, Schwimmbad, Büchereien und andere kindspezifischen Einrichtungen bleiben den Heranwachsenden in der Regel verwehrt. Aber auch Bildungs- und Kultureinrichtungen, sowie Ärzte oder soziale Dienste sind in diesen Stadtteilen nicht zu finden (Baum, 2003; Neuberger, 1997). Die Kinder und Jugendlichen verbringen ihre Freizeit bevorzugt in Kaufhäusern, wo sie sich vorwiegend in den Computerabteilungen aufhalten und die dort zu Werbezwecken bereitstehenden Spielkonsolen benutzen. „Für mehr als ein Zehntel der Stadtjugendlichen ist das Kaufhaus der wichtigste Freizeitort überhaupt; und das sind in erster Linie Jugendliche aus den Armutsmilieus. Büchereien und Jugendzentren sowie andere Stadtteileinrichtungen können mit der Unübersichtlichkeit und mit den Kosumreizen der Kaufhäuser als außerhäusliche Freizeitorte nicht mithalten." (Schubert, 2000, S. 98).

In den Wohnungen ist es, wie schon oben beschrieben, viel zu eng. Es gibt häufig Streitereien, und der Fernseher läuft ununterbrochen. So schauen bereits die jüngsten Kinder viel zu viel fern oder verbringen ihre Freizeit mit Videospielen. Es ist davon auszugehen, dass Kinder und Jugendliche, die in einem anregungsarmen Wohnumfeld aufwachsen, durch die fehlenden Spielmöglichkeiten ihre Aktivitäten auf den Fernseher reduzieren. „Bei rund 70 Prozent der 8- 13 jährigen gehört das Fernsehen zum gewohnten Tagesablauf. Bei den Lieblingstätigkeiten rangiert es gegenüber Draußen spielen bei Kindern und Jugendlichen aus Armutshaushalten mit Abstand an erster Stelle. Ihre Eltern fördern sie kaum, so daß die Anregungen aus den Medien geholt werden müssen." (Schubert, 2000, S. 98). Zu ähnlich signifikanten Ergebnissen kommt Klocke (2001). Von Armut betroffene Kinder gaben in seiner Auswertung einer internationalen Studie überproportional häufiger an, „mindestens vier Stunden am Tag Fernsehen zu schauen (...)" (S. 282).

Die schon angesprochenen Kinder aus Dortmund berichteten insbesondere von Fernsehserien wie Pokèmon, die damals gerade „angesagt" waren. Verbunden mit dieser Serie sind allerdings umfangreiche Merchandise-Artikel, die zu der Zeit einen großen Stellenwert bei den Kindern hatten. Entsprechend hoch war der Leidensdruck bei den Kindern, die aufgrund mangelnden Geldes die Fanprodukte nicht erwerben konnten. Ich denke, dieses Beispiel lässt sich auf viele Bereiche des heutigen Konsumverhaltens übertragen. Die Industrie hat mittlerweile schon die jüngsten Kinder als Zielgruppe für sich entdeckt. Schon im Kindergarten gilt daher häufig die Devise „ „Wer nichts hat wird auch nicht besucht" " (Czock, 1994, S. 80). Von Armut betroffene Kinder und Jugendliche können im Konsumverhalten der Mittel- und Oberschichtkinder nicht mehr mithalten. Sie sind der Gefahr ausgesetzt, von den Gleichaltrigen ausgegrenzt zu werden. Verstärkt wird diese Tendenz von der Werbung und den Massenmedien, denen sich Kinder heute kaum noch entziehen können (Klocke & Hurrelmann, 2001; Czock, 1994; Hock & Holz, 1998). An dieser Stelle gilt es festzuhalten, dass diese Tendenzen nicht bei allen Kindern zu beobachten sind. Viele Kinder und Jugendliche messen Konsum- und Prestigegütern einen nicht so großen Wert zu. Daher sind von Armut betroffene Heranwachsende in diesem sozialen Umfeld weniger Stigmatisierungen und sozialen Ausgrenzungen ausgesetzt.

Um zurück zu den Wohnverhältnissen zu kommen, beziehe ich mich im folgenden auf Hock und Holz (1998). Paare mit Kindern unter 16 Jahren leben im Vergleich zu anderen Haushaltstypen in den kleinsten Wohnungen. Insgesamt verringert sich die Wohnungsgröße, je niedriger das Einkommen der Haushalte ist. In Ostdeutschland haben gut die Hälfte aller Paare mit Kindern unter 16 Jahren weniger als einen Raum pro Person zur Verfügung. Im Westen sind hiervon gut ein Drittel betroffen.

Aufschlussreich ist die Feststellung, dass der Platz, den Kinder in der Wohnung zur Verfügung haben, in engem Zusammenhang mit den elterlichen Bildungsressourcen steht. Je höher die Bildung, desto mehr Raum kommt den Kindern zugute. Steht kein eigenes Kinderzimmer zur Verfügung, bekommen diese Kinder eher die Erlaubnis, andere Teile der Wohnung zum Spielen zu nutzen. Weiterhin dürfen sie auch häufiger Freunde mit nach Hause bringen.

Besonders schlecht sind die Wohnbedingungen von Kindern und Jugendlichen nichtdeutscher Herkunft. Sie leben in älteren, schlecht ausgestatteten Wohnungen in ungünstigen Stadtvierteln. Zusätzlich müssen die Eltern im Vergleich zu deutschen Familien höhere Mieten zahlen, was ich für sehr bedenklich und diskriminierend halte. Diese Benachteiligung kann auf die Familienstruktur zurückgeführt werden. Es gibt doppelt so viele ausländische Familien mit fünf und mehr Mitgliedern als in deutschen Haushalten. Ferner werden ausländische Familien auf dem Wohnungsmarkt in hohem Maße diskriminiert. So wachsen vor allem ausländische Kinder und Jugendliche vermehrt in Großstadtsiedlungen mit eingeschränkten Lern-, Spiel- und Entwicklungsmöglichkeiten heran.

Speziell das negative Image, welches mit dem Leben in Problemsiedlungen verbunden ist, kann sich nachteilig auf den Schulalltag und die Ausbildungsplatzsuche auswirken.

Dangschat (1996) beschreibt die Effekte räumlicher Konzentration von Armut bei Kindern und Jugendlichen wie folgt: „(...) Sie verstärkt die Ängste vor Armut; Aggressionen können sich aufstauen, eruptiv und unmotiviert aus nichtigem Anlaß sich entladen, ein soziales Pulverfaß, das den Zusammenhalt der (städtischen) Gesellschaft bedroht. Diese Ängste sind Folge und Kehrseite der Garantie, daß durch die räumliche Konzentration der Armut weite Teile einer Stadt 'armutsfreie Räume' sind, in denen zu leben Spaß bringt, wo die Ängste vor Drogenspritzen und Prostitution gar nicht erst aufkommen und der schulische Erfolg der Kinder sicherer scheint – wo man also die soziale Problematik einer Stadtgesellschaft schnell verdrängen kann.

(...) Kinder und Jugendliche in Armut: Hier läuft rasch die Kette des 'Wissens' über die Folgen eingeschränkter und beschädigter Sozialisationen ab: Streß zu Hause, geringer schulischer Lernerfolg, Orientierung an den Peers der Straße, abweichendes Verhalten, Gewalt, Kriminalität, Drogen, Arbeitslosigkeit (...)" (S. 160).

Dangschat (1996) hebt in diesem Zusammenhang besonders die Gefahren einer misslingenden Sozialisation hervor. Die Kinder und Jugendlichen übernehmen Werte, Normen und Verhaltensweisen, die ihnen von Familie, Nachbarschaft und Freunden vermittelt werden. In solch benachteiligten Stadtteilen können sich Kinder in eine von den Werten und Normen des Mainstream abweichende Richtung entwickeln. Sie haben später Schwierigkeiten, sich in Gesellschaft und Berufsleben zu integrieren. Demnach müssen sich Kinder aus solchen Wohngebieten, in denen Arbeitslosigkeit und Armut vorherrschen, gegen die Verhaltensweisen ihrer Familie und Nachbarschaft richten, um eine Chance zu haben, vom Mainstream der Gesellschaft akzeptiert zu werden. Diese Orientierung, gegen die im näheren Umfeld geltenden Regeln und Werte, ist jedoch für die Betroffenen mehr als schwierig. Sie laufen Gefahr, von den Gleichaltrigen ausgeschlossen zu werden.

Ähnliches findet man auch bei Baum (2003). Er schreibt davon, dass sich die Kinder und Jugendlichen in ihren Wohngebieten isolieren und Kontakte zu Gleichaltrigen außerhalb des Wohnviertels aus Angst vor Stigmatisierungen meiden. Eine Folge davon ist, dass sich diese Kinder mit ihrer Wohnsiedlung und den dort vorherrschenden Verhaltensweisen identifizieren. „Avanciert der soziale Nahraum zum einzigen Garanten für die eigene Sicherheit und Identität, entwickeln Kinder notgedrungen eine Art Domizilbildung; sie identifizieren sich mit ihrem Wohngebiet, weil sie außerhalb von ihm keine Chance haben (...) (S. 180).

Doch sollte man sich auch hier vor einer Pauschalisierung in acht nehmen. Die Ausführungen von Dangschat zeichnen ein doch sehr negatives Bild der von Armut betroffenen Kinder und Jugendlichen. Zwar sind seine Ausführungen plausibel und sicherlich in vielen Fällen zutreffend, aber ich möchte an dieser Stelle darauf hinweisen, dass die meisten Kinder und Jugendlichen, die in Armut heranwachsen, eine weniger dramatische Entwicklung durchlaufen. Viele wachsen in Familien auf, „in der eine Orientierung an den Normen und Werten der bürgerlichen Gesellschaft nicht nur hoch geschätzt wird, sondern oftmals die einzige Form der Teilhabe an der Gesamtgesellschaft darstellt." (Klocke & Hurrelmann, 2001, S. 10).

Die eingeschränkten Bedingungen in der elterlichen Wohnung können sich unvorteilhaft auf die Schulleistungen der Kinder und Jugendlichen auswirken. Hock, Holz und Wüstendörfer (2000) veranschaulichen in ihrem dritten Zwischenbericht anhand von zehn interviewten Familien, wie unterschiedlich das Aufwachsen in Armut sein kann. In einigen Fällen weisen die Kinder bereits in jungen Jahren erhebliche Entwicklungsdefizite und gesundheitliche Beeinträchtigungen auf, deren Ursprung in den schlechten Wohnverhältnisse liegen kann. Des weiteren entstehen bereits in der Grundschule gravierende Schulprobleme. Die Kinder haben zu Hause keinen Freiraum und keine Möglichkeiten eigenen Interessen zu äußern und zu verwirklichen. Andere Beispiele belegen, dass es Kindern aus deprivierten Verhältnissen gelingt, sich gut in der Situation einzurichten. Entscheidend ist das Ausmaß der Deprivation und der Umgang der Eltern mit der Armut. Wenn die Kinder zu Hause keinerlei Unterstützung bei den Hausaufgaben erfahren, in der Wohnung ständig der Fernseher läuft, Eltern und Geschwister immerfort streiten oder laut sind und das Kind somit keine Möglichkeit hat sich an einen stillen Ort zurück zu ziehen, können die schulischen Leistungen darunter leiden. Dahingegen wirken sich ein positives Lernklima und ein unterstützendes Verhalten der Eltern mildernd auf die Armutsverhältnisse aus.

Abschließend möchte ich noch anhand der Erzählung einer Lehrerin aufzeigen, wie krass ein soziales Abseits für Kinder sein kann:

„Wir merken auch an dem, was die Kinder im Erzählkreis vom Wochenende berichten, wo irgendetwas nicht stimmt. Entweder erzählen diese Kinder gar nichts („bei mir war nichts") oder, daß sie den ganzen Tag nur Video geguckt haben, daß sie nachts um halbelf Horrorfilme gesehen haben oder daß ihre Eltern sie vor die Tür stellen, weil sie sich selbst in der Wohnung besaufen und prügeln. Manchmal kommen die Kinder nicht in die Schule, weil die Eltern zu betrunken sind, um ihre Kinder zu wecken und sie zum Unterricht zu schicken. (...) Das fängt damit an, daß sie hungrig in die Schule kommen, weil sie nichts gefrühstückt haben, völlig übermüdet sind, weil sie nachts nicht schlafen konnten, weil die Eltern dann trinken und sich prügeln. Die Kinder sind völlig unkonzentriert aufgrund des ganzen emotionalen Drucks, den sie ständig auszuhalten haben. Man merkt es auch an der Sprachentwicklung. Wenn die Kinder zur Schule kommen, sind sie ganz sprachlos, ihnen fehlen Wörter, weil niemand zu Hause mit ihnen redet. Die kennen die Wörter wie „Kastanie", „Krokus" überhaupt nicht, weil sich niemand die Mühe gemacht hat, ihnen die Welt außerhalb des Fernsehens zu zeigen. (...)" (Köttgen, 2000, S. 75).

Kommentar:
Dieser Bericht einer Lehrerin ist sicherlich ein extremes Beispiel dafür, wie schlimm das Aufwachsen für Kinder und Jugendlichen in Deutschland sein kann. Aber es ist nicht von der Hand zu weisen, dass es in den Problemsiedlungen an den Stadträndern zu solch dramatischen Verhältnissen kommen kann. Oft leben diese Menschen schon über viele Jahre hinweg in solchen sozialen Brennpunkten. Zu der bereits erwähnten Kumulation von Problemen wie zu kleine, schlecht ausgestattete Wohnungen, Streitigkeiten in der Familie, keine adäquaten Erziehungsstile und ähnliches, kommen häufig Alkoholprobleme der Eltern. Die betroffenen Eltern haben die Hoffnung auf ein Leben in günstigeren Verhältnissen aufgegeben und resignieren in ihrer Situation. **Sie kümmern sich nicht mehr ausreichend um ihre Kinder und flüchten in den Alkohol.** In solchen Situationen kann es auch zu **Verwahrlosung, Gewalt und Missbrauch** kommen. Manche Kinder reagieren auf

die unerträglichen Bedingungen in der elterlichen Wohnung letztlich mit einer Flucht auf die Strasse. Andere werden von den Eltern stark in den Haushalt eingebunden. Davon betroffen sind vor allem die Mädchen. Sie müssen schon früh Verantwortung übernehmen, sich um jüngerer Geschwister kümmern und Aufgaben in der elterlichen Wohnung erledigen. Für diese Kinder ist es ganz besonders schwierig, sich auf die Schule zu konzentrieren. Sie erledigen die Hausaufgaben nicht mehr zufriedenstellend und kommen daher in der Schule nicht mehr mit. Aber auch Entwicklungsdefizite, Verhaltensauffälligkeiten, Hyperaktivität, fehlende soziale Kompetenz, Aggressivität und weitere Probleme sind vermehrt bei Kindern und Jugendlichen aus benachteiligten Wohnverhältnissen zu beobachten. Diese Kinder und Jugendlichen **werden häufig auf die Sonderschule geschickt**. Viele von ihnen wissen selbst, was das für ihre Zukunft bedeutet. Außerdem leiden sie unter dem negativen Image dieser Schule. Ich möchte an dieser Stelle einen kurzen Ausschnitt aus einem Interview bringen, um dies zu verdeutlichen. Der Interviewte ist 16 Jahre alt und kommt aus einer von Armut betroffenen Familie. „ „<...> *Weil im Prinzip ist die L-Schule* (Schule für Lernbehinderte) *nur eben eine Abfallschule für andere Schulen. Für die Schüler, die 'se nich' gebrauchen können. Schieben se dann einfach ab, auf die L-Schule runter <...>.* "

„(...) *Und ich glaube schon, da sich vor mir noch sehr viele bei meinem Stiefschwager bewerben werden, so stehen meine Chancen relativ schlecht, die Lehrstelle zu bekommen. Vor allen Dingen kann er ja, wenn da jemand kommt mit einem Abschluß vom Gymi, alles nur Einsen, und er dann jemand nimmt, der eben einen Notendurchschnitt von 1,8 hat, dann wär' er ja ziemlich blöd, ne, den vom Gymi nich zu nehmen, weil der die bessere Qualifikation hat für den Beruf auch. Weil bei uns an der Schule is eben nich so, daß auf manche Themen eingegangen wird, wir machen ja nur die Grundformen und auf'm Gymi, da werden ja auch die vollen Formen durchgenommen. Deswegen bin ich dann gegenüber den anderen Bewerbern benachteiligt, in dem Punkt. <...> Und das is ja dann ooch belämmert, dann wäre mein Stiefschwager ziemlich blöd, nich den vom Gymi zu nehmen <...>.*" "

„Frage: *„Siehst Du hinsichtlich einer Lehrstelle eine Chance?"*
Matthias: *„Nicht ohne Hauptschulabschluß, wenn ich den nicht schaffe, dann kann ich mich gleich als Sozialhilfe-*

empfänger melden <...>." " (Hock, Holz, Wüstendörfer, 2000, S. 115)

Dieser Interviewausschnitt zeigt, wie negativ aber realistisch der Interviewte seine Situation einschätzt. Er rechnet sich mit einem Sonderschulabschluss kaum Chancen auf eine Ausbildungsstelle aus.

Die aufgeführten Probleme für kinderreiche Familien auf dem Wohnungsmarkt verdeutlichen die in Deutschland vorherrschende Tendenz, Haushalte mit Kindern und Kinder insgesamt zu benachteiligen. Der unzureichende Familienlastenausgleich und die gleichzeitig immer weiter steigenden Kosten für Kinder führen dazu, dass **Alleinerziehende und Familien in vielen Bereichen gegenüber kinderlosen Paaren und Singles nicht mehr wettbewerbsfähig** sind. Für Kinder ergeben sich aus dieser Entwicklung gravierende Nachteile. Sie sind häufig die Hauptleidtragenden der Schlechterstellung und Chancenungleichheit ihrer Eltern.

Durch die Armut der Eltern und die daraus resultierenden unvorteilhaften Wohnbedingungen kommt es vielfach zu einem **maßlosen Fernsehkonsum der Kinder.** Die Eltern nehmen sich kaum Zeit, um mit ihren Kinder zu spielen, sondern verbringen in der Regel selbst die meiste Zeit des Tages vor dem TV-Gerät. Meiner Ansicht nach ist diese fehlende Zuwendung und Aufmerksamkeit der Eltern auf die sich selbst überlassenen Kinder die Hauptschwierigkeit in diesen Familien. Eltern, die den Kindern trotz einer anregungsarmen Wohngegend und eingeschränkter finanzieller Mittel viel Zeit und Liebe entgegenbringen, können die wenig kindgerechten Verhältnisse kompensieren und dem Kind dadurch zu einer erfolgreichen Schullaufbahn und einer angemessenen Entwicklung verhelfen.

Abschließend möchte ich noch darauf hinweisen, dass meine Ausführungen zu den Wohnbedingungen der Kinder und Jugendlichen nicht auf alle von Armut Betroffenen übertragen werden kann. Das Wohnen in den Ghetto ähnlichen sozialen Brennpunkten ist sicherlich die extremste Form des Aufwachsens in Armut. Allerdings sollte berücksichtigt werden, dass es diese Wohnviertel in nahezu jeder Stadt gibt und daher immer mehr Kinder und Jugendliche in den oben geschilderten Verhältnissen heranwachsen.

5.1.5 Der Schulalltag von Armut betroffener Kinder

In den vorangegangenen Punkten wurde deutlich, dass Armut im Kindes- und Jugendalter einen Einfluss auf die schulischen Leistungen und die schulischen Möglichkeiten der Betroffenen haben kann.

Nun soll der Frage nachgegangen werden, wie Kinder und Jugendliche aus Armutsfamilien den Alltag Schule erleben und ob sie aufgrund der Armut von Lehrern und/oder Mitschülern benachteiligt werden.

Von Armut betroffene Kinder und Jugendliche haben, wie sich gezeigt hat, oft keine oder nur geringe Möglichkeiten, Hausaufgaben zu erledigen oder sich auf eine Klassenarbeit vorzubereiten. Dadurch besteht die Gefahr, dass die schulischen Leistungen abnehmen und die Kinder und Jugendlichen mit den Anforderungen der Schule nicht mehr zurecht kommen. Die erlebten Überforderungen in der Schule, sowie die Angst vor schlechten Noten, führen dazu, dass sie die Schule als sehr belastend empfinden. Hölscher (2003) befragte in einer Studie 756 Jungen und Mädchen im Alter von 12 bis 16 Jahren unter anderem zu ihrer schulischen Leistungsfähigkeit. Von Armut und prekärem Wohlstand betroffene Jugendliche „schätzen ihre schulische Situation schlechter ein als andere Jugendlichen." (Hölscher, 2003, S. 140). Auffallend ist, dass fast ausschließlich die Mädchen von Auswirkungen der Armut auf die Schulleistungen berichteten. Andererseits gaben viele Jungen an, vor Klassenarbeiten unter Bauch- oder Magenschmerzen zu leiden. Dies ist ein Hinweis darauf, dass auch sie in der Schule unter ernormen Druck stehen. Es ist davon auszugehen, dass die Jungen weniger bereit sind, eigene Schwierigkeiten preiszugeben.

Neben dieser quantitativen Untersuchung führte Hölscher (2003) Interviews mit 11 Mädchen und 4 Jungen durch. Alle Befragten leben in armen Verhältnissen.

Der überwiegende Teil der Interviewten hat eine große Leistungsmotivation. Viele der Jungendlichen streben einen guten Schulabschluss an, um es später einmal besser zu haben als die Eltern. Einige von ihnen äußern konkrete Berufswünsche, die sie durch gute Schulleistungen zu realisieren versuchen. Allerdings haben viele dieser Jugendlichen Schwierigkeiten in der Schule, so dass die angestrebten schulischen Ziele zu scheitern drohen. „Sie haben zu Hause Probleme und können darum ihre Hausaufgaben nicht erledigen, entweder weil es keine At-

mosphäre gibt, in der sie konzentriert arbeiten können oder sie für familiale Aufgaben in die Pflicht genommen werden oder sie zu belastet sind, um auch noch an die Schule zu denken. In der Schule führt dies zu Ärger mit Lehrern/-innen, weil die fehlenden Hausaufgaben als Leistungsverweigerung gewertet werden. Gleichzeitig können sie keine guten Klassenarbeiten schreiben, weil sie den Unterrichtsstoff nicht nacharbeiten können. Schlechte Noten führen aber wieder zu Ärger zu Hause und so schließt sich der Kreis." (Hölscher, 2003, S. 216). Dieses Zitat macht das Dilemma deutlich, in dem sich viele Jugendliche aus armen Familien befinden. Sie wissen um die Wichtigkeit guter Schulleistungen und sind auch bereit diese zu erbringen, doch verschiedene Probleme im Elternhaus, beziehungsweise fehlende familiäre Unterstützung, erschweren ihre Situation ungemein oder machen es ihnen unmöglich, den Anforderungen in der Schule gerecht zu werden.
Rössel (1998) stellt anhand von zwei Grafiken die Folgen fehlender familiärer Unterstützung in Bezug auf die Schulleistungen anschaulich dar (vgl. Abb. 5).

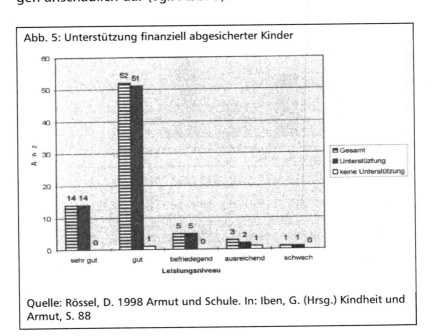

Abb. 5: Unterstützung finanziell abgesicherter Kinder

Quelle: Rössel, D. 1998 Armut und Schule. In: Iben, G. (Hrsg.) Kindheit und Armut, S. 88

Abbildung 5 zeigt insgesamt 75 Kinder aus finanziell abge-
sicherten Verhältnissen. Auffallend ist, dass so gut wie alle
Kinder zu Hause elterliche Unterstützt erfahren und gleichzeitig ein großer Teil von ihnen in der Schule gute Leistungen
erbringt.

Betrachtet man nun die zweite Grafik (vgl. Abb. 6), wird deutlich, dass von den 86 finanziell ausreichend oder schlecht ver-
sorgten Kindern nur 24 elterliche Unterstützung bei den Hausaufgaben oder beim Lernen erhalten. Von diesen unterstütz-
ten Kindern befinden sich allein 16 im positiven Leistungsbe-
reich. 62 der Kinder müssen auf Unterstützung verzichten. Diese befinden sich zum größten Teil in den schwachen Leis-
tungskategorien.

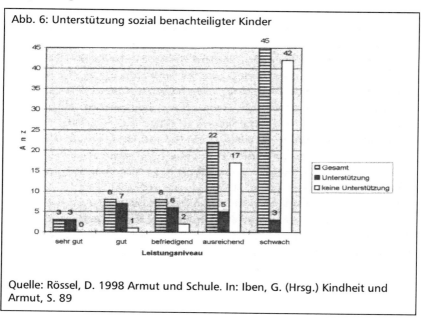

Abb. 6: Unterstützung sozial benachteiligter Kinder

Quelle: Rössel, D. 1998 Armut und Schule. In: Iben, G. (Hrsg.) Kindheit und
Armut, S. 89

Meiner Ansicht nach bestätigen diese Grafiken die erschreckende Tatsache, dass es einen engen Zusammenhang zwischen Schulleistungen und Armut gibt. Je besser der finanzielle Status, desto besser ist die familiäre Unterstützung und damit verbunden auch das Leistungsniveau der Kinder in der
Schule.

Insgesamt stammen 88 Prozent der leistungsschwachen Schüler aus Armutsfamilien mit fehlender sozialer Unterstützung.

Diese Kinder sind nicht weniger intelligent als andere, allerdings sind sie durch ihr Elternhaus bereits beim Eintritt in die Schule benachteiligt. Sie erfahren in der Familie oft eine autoritäre, sanktionierende und inkonsistente Erziehung. Durch die gestörte Kommunikation zu Hause fehlt es ihnen an sozialer Kompetenz, was zu Verhaltensauffälligkeiten und Aggressivität führen kann. Von den Lehrern werden diese Kinder als vernachlässigt und manchmal sogar als verwahrlost beschrieben. Viele der Kinder kommen auf die Sonderschule, wobei die wenigsten von ihnen wirklich Lernbehindert sind (Rössel, 1998; Walper, 2001a).

Diese Kinder aus benachteiligten Elternhäusern werden vom Lehrpersonal in der Untersuchung von Rössel (1998) in ihren Leistungen schlechter eingeschätzt und bewertet, als Kinder aus der Mittelschicht. So wurden 88 Prozent der Kinder aus ungesicherten finanziellen Verhältnissen vom Lehrpersonal als leistungsschwach eingestuft. Demgegenüber werden 97 Prozent der Kinder aus gesicherten finanziellen Verhältnissen in ihren Leistungen positiv bewertet.

Diese Resultate von Rössel verdeutlichen die Benachteiligungen der von Armut betroffenen Kinder und Jugendlichen in Bezug auf die Institution Schule. Die Schulen orientieren sich an den Leistungen der finanziell besser gestellten Schüler der Mittelschicht. Mansel (2003) analysierte Daten von 2106 Jugendlichen der 6. bis 10. Klasse aller Schultypen. Er kommt zu dem Ergebnis, dass signifikant mehr Jugendliche aus armen Verhältnissen eine Sonder- oder Hauptschule besuchen. Interessant ist, dass gute Schulleistungen für diese Jugendlichen eine enorme Bedeutung haben. Die Realität in der Schule entspricht allerdings oft nicht diesen Erwartungen. Ihr Schulalltag ist geprägt von Versagenserlebnissen und schlechten Noten. Sie haben häufig Angst davor, in die Schule zu gehen und fühlen sich von den Anforderungen deutlich überlastet. Zusätzlich empfinden sie sich vermehrt von den Lehrern ungerecht behandelt und nicht akzeptiert.

Diese bisher geschilderten Fakten lassen im Prinzip wiederum nur eine logische Schlussfolgerung zu. Arme Kinder und Jugendliche sind gegenüber nichtarmen in der Schule benachteiligt. Sie haben häufiger Probleme mit den Lehrern, sie werden in ihren Leistungen schlechter eingeschätzt, sie werden von ihren Eltern weniger bei den Schularbeiten unterstützt, und sie sind oft extremen familiären Belastungen ausgesetzt, die sich ebenfalls auf die Schulsituation auswirken. Dies führt dazu, dass sie deutlich mehr Anstrengungen auf sich nehmen müssen, um die Klassenziele zu erreichen, als Kinder und Jugendliche aus der Mittelschicht.

Aber nicht nur Schwierigkeiten, den Ansprüchen in der Schule gerecht zu werden, belasten diese Kinder und Jugendlichen. Auch in der Klassengemeinschaft befinden sie sich aufgrund ihrer Herkunft häufig im sozialen Abseits. Viele Kinder und Jugendliche aus armen Haushalten werden aufgrund der Armut von den Gleichaltrigen stigmatisiert und ausgegrenzt. Klocke (1996) konnte die Überlegung, dass mit sozialer Randstellung eine Reduzierung sozialer Kontakte verbunden ist, anhand einer Studie belegen. „Kinder und Jugendliche in Armut [sind] auffällig seltener Mitglied in einem Verein oder in einer Freundesclique integriert (...). Auch der Anteil der Jugendlichen, die angaben, zur Zeit keine Freunde zu haben, ist signifikant, um das Vierfache größer. Des weiteren geben wohl über zwei Drittel der Kinder und Jugendlichen in Armut an, das Gefühl zu haben, von den Mitschülern akzeptiert zu sein, bei den übrigen Befragten sind es aber über drei Viertel der Befragten." (S. 399).

Klocke (1996) konnte neben diesen reduzierten sozialen Kontakten weiterhin psychische und physische Beeinträchtigungen der von Armut betroffenen Kinder und Jugendlichen feststellen. Insbesondere die Kinder mit wenig Elternunterstützung und einem schlechten Schulklima sind stark gefährdet, psychosomatische Beschwerden davon zu tragen. Sie verfügen gegenüber den Kindern mit umfangreicher sozialer Unterstützung über nur wenige oder keine Schutzfaktoren, welche die Folgen der sozialen Randstellung abschwächen könnten. Die Ergebnisse der Studie zeigen, dass Kinder und Jugendliche in Armut in wachsendem Maße sozial isoliert sind. Sie haben signifikant weniger Freunde und werden häufiger von den Mitschülern ausgegrenzt.

Viele der Kinder und Jugendlichen versuchen die Armut vor den Mitschülern geheim zu halten, um Stigmatisierungen und Ausgrenzungen innerhalb der Schule zu vermeiden. Da jedoch die Zurückweisungen in der Regel durch nicht vorhandene prestigehaltige Objekte, die in der heutigen Jugendkultur eine große Bedeutung haben, verursacht werden, ist es den Betroffenen nur sehr bedingt möglich, die Armut vor den Mitschülern zu verstecken. Das tägliche Erleben der Ablehnung kann zu einer Verschlechterung der Befindlichkeit der Kinder und Jugendlichen führen (Walper, 2001a). Diese negativen Erfahrungen in der Schule verstärken die Angst und Abneigung gegen diese Institution. Um sich etwas leisten zu können, gehen viele Jugendliche in ihrer Freizeit einem Nebenjob nach.

Neben den negativen Folgen der Kinderarbeit, weniger Zeit für Feizeitaktivitäten und Schule, erlangen die Kinder durch die Arbeit eine gewisse materielle Autonomie und gesellschaftliche Teilhabe (Hock & Holz, 2000). Für finanziell benachteiligte Kinder und Jugendliche kann die Orientierung der Schulklasse an Statussymbolen, wie zum Beispiel teurer Markenkleidung, eine maßgebliche Rolle spielen. In manchen Klassen ist modische, teure Kleidung eine Bedingung, um von den anderen akzeptiert zu werden. Kinder und Jugendliche aus armen Verhältnissen sind in diesem Umfeld benachteiligt und werden von ihren Mitschülern ausgegrenzt und verspottet, wie die folgende Aussage von einem Jugendlichen veranschaulicht. „Wenn sich jetzt zum Beispiel jemand nicht so gut anzieht, dann sagt dir zum Beispiel jeder, guck mal, willst du dich nicht mal anders anziehen? Du ziehst dich jeden Tag gleich an oder so. Und wenn jetzt jemand die ganze Zeit wirklich das Gleiche trägt, dann kommen alle an. Guck mal, wie die rumläuft, und alle lästern dann" (Hölscher, 2003, S. 176). Viele der Betroffenen versuchen sich dem Spott zu entziehen, in dem sie sich sozial isolieren oder beteuern, dass ihnen die „Markenklamotten" nichts bedeuten. Dies wird ihnen von den Mitschülern jedoch häufig nicht abgenommen. „`Ne Freundin von mir. Die meint, so billige Sachen wie du würde ich nie anziehen. [...] Ich sag so, das interessiert mich nicht, ich zieh an, was ich möchte und du ziehst an, was du möchtest. Dann hat sie nur gelacht. (...)" (ebd., S. 176). Ein weiteres Beispiel macht deutlich, dass die Kinder sich dem Druck der Mehrheit kaum entziehen können. „Also die meisten tragen schon Markenkleidung, aber für mich ist Markenkleidung nicht so wichtig. Kleidung ist Kleidung. Egal ob Marke ist oder nicht. Also ich hab auch schon ein paar Markensachen, Adidas, Puma, hab ich auch oder Donay. An sich sind Markensachen für mich nicht so wichtig, weil ich weiß nicht, wie andere darüber denken, aber für mich ist die irgendwie nicht so wichtig" (ebd., S. 176) Es fällt auf, dass der Interviewte zwar immer wieder betont, dass ihm die Kleidung nicht wichtig ist, seinen Stolz über den Besitz bestimmter Marken kann er jedoch nicht verbergen.

Diese Wertschätzung teurer Kleidung gehört jedoch nicht, wie oft vermutet wird, zum Alltag in allen Schulklassen. Oft messen die Kinder Äußerlichkeiten keine Bedeutung zu, wie die folgenden Aussagen von Jugendlichen zum Ausdruck bringen. „Ich trag ja selber so keine, ist auch Quatsch find ich, für so viel Geld nur ´ne Marke. Irgendwie ist das überhaupt nicht wichtig" (ebd., S. 174). „Es gibt schon so´n paar Leute, die tragen gar keine Markenkleidung, aber es gibt auch Leute, die haben nur Markenkleidung. Aber da ist bei uns keiner Außenseiter oder so. Hauptsache man hat was zum Anziehen bei uns und das sieht gut aus. Wir achten nicht so viel auf Marken. Ich zieh zwar Markenklamotten an, aber der andere ist für mich dann kein Außenseiter, weil er keine Markenklamotten hat" (ebd., S. 175). Diese Aussagen von Jugendlichen machen deutlich, dass es nicht zwangsläufig zu Ausgrenzungen und Ablehnungen aufgrund nicht vorhandener Markenkleidung kommen muss. Es gibt viele Schulklassen, bei denen diese prestigehaltige Kleidung relativ unwichtig ist. In diesen Klassen haben finanziell benachteiligte Jugendliche mehr Spielräume (Hölscher, 2003).

Das gerade aufgegriffene Beispiel der Markenkleidung gibt einen Einblick in die gesamte Konsumhaltung der heutigen Jugend. Nicht nur modische Kleidung kann zu erhöhtem Druck in der Schule führen, sondern auch weitere jugendspezifische Konsumartikel können von Armut betroffenen Kindern und Jugendlichen Schwierigkeiten bereiten. Ein gutes Beispiel ist das Handy. Seit einigen Jahren ist der Besitz eines Handys schon für die 12 jährigen eine Selbstverständlichkeit. Gleichzeitig ist die Benutzung des Mobiltelefons ein großes Verschuldungsrisiko innerhalb dieser gesellschaftlichen Gruppe. Mittlerweile genügt es nicht mehr nur ein Handy zu besitzen, sondern es muss möglichst das aktuellste Modell sein. Des weiteren laden sich viele Jugendliche Klingeltöne, Bilder und Spiele zu überzogenen Preisen auf ihr Handy. In den Schulklassen kommt es mitunter zu einem regelrechten Wettbewerb, wer die meisten und aktuellsten Klingeltöne vorweisen kann. Diese Entwicklung, bei der Kinder und Jugendliche aus armen Familien oft nicht mithalten können, kann ebenfalls zu einem Problem für diese Heranwachsenden werden. Aber nicht nur das Konsumverhalten innerhalb der Schulklasse ist entscheidend, wie sich der Schulalltag der Kinder und Jugendlichen aus benachteiligten Familien gestaltet. Die Armut birgt noch weitere Ausgrenzungsgefahren.

Aufgrund der oft beengten und ärmlichen Wohnverhältnisse schämen sich die Kinder, Freunde nach der Schule mit nach Hause zu bringen. Aus diesem Grund wollen oder dürfen sie oft niemanden zu ihrem Geburtstag einladen. Eine Folge daraus ist häufig, dass diese Kinder von den Mitschülern ebenfalls nicht mehr zu Geburtstagsfeiern eingeladen werden. Auf der anderen Seite haben die Eltern häufig kein Geld, um Geschenke zu kaufen. So können die Kinder, wenn sie eingeladen werden, wegen des fehlenden Mitbringsels nicht an der Feier teilnehmen (Bieligk, 1996). Es ist einleuchtend, dass es diese Kinder innerhalb der Klassengemeinschaft deutlich schwerer haben, von den anderen akzeptiert zu werden. Häufig ziehen sich die Betroffenen aus Scham von sich aus zurück und werden so, im Laufe der Zeit, zu Außenseitern. Diese Kinder erleben fast täglich Einschränkungen durch die elterliche Armut. Sie müssen häufig auf Dinge verzichten, die für andere Kinder ganz selbstverständlich sind. Wie die betroffenen Kinder mit der Einengung und der familiären Armut umgehen, kann entscheidend für ihr Wohlempfinden sein. Ist der Empfang von Sozialhilfe oder die Arbeitslosigkeit der Eltern für sie kein Grund sich zu schämen, so können sie die damit verbundenen Zurückweisungen und Einschränkungen besser ertragen. Natürlich ist auch die Einstellung der Mitschüler und Freunde ausschlaggebend, wie sich der Alltag in Armut gestaltet. Werden die Kinder und Jugendlichen von den Gleichaltrigen trotz Armut akzeptiert, ist es wesentlich einfacher für sie die Armutsbedingungen zu ertragen. Ebenso kann eine gute Beziehung zu den Eltern und somit ein positives Familienklima hilfreich sein, eventuelle Zurückweisungen innerhalb der Schule besser zu bewältigen. Auf der anderen Seite kann die Schule für Kinder, die in die Klassengemeinschaft integriert sind, ein entlastender Ausgleich zu den Problemen und Restriktionen zu Hause sein. Freundschaften innerhalb der Klasse können helfen, den Schulalltag für Kinder und Jugendliche, erträglicher zu gestalten. Dies gilt insbesondere für Schüler, die Konflikte mit den Lehrern oder Leistungsprobleme haben (Hölscher, 2003).

Die Armut der Eltern wirkt sich in der Regel erst dann negativ auf die Kinder aus, wenn sie durch Vergleichsprozesse innerhalb der Schulklasse, die Schlechterstellung und Benachteiligung gegenüber anderen Gleichaltrigen spüren. Verstärkt werden diese Tendenzen, wenn es von Seiten der Mitschüler zu spöttischen Bemerkungen und Ausgrenzungen kommt (Walper, 2001b). Aber auch der ständige Geldmangel der Eltern, welcher sich oft nicht mehr vor den Kindern verbergen lässt, sowie die dadurch entstandene Abhängigkeit vom Sozialamt und ähnlichen Einrichtungen, kann sich negativ auf das subjektive Wohlempfinden der Kinder auswirken (Hölscher, 2003; Walper, 2001b). Sonach können viele Kinder und Jugendliche nur dann an Klassenausflügen, Klassenfahrten und anderen Unternehmungen teilnehmen, wenn sie von der Schule oder dem Sozialamt Zuschüsse erhalten. Dies empfinden viele der Betroffenen als sehr belastend und verletzend, wie das folgende Zitat eines Jugendlichen zeigt. „Wie hart es eigentlich im Endeffekt ist, am Sozialhilfeamt zu sitzen, man zwar die Klassenfahrt bezahlen kann, aber es wesentlich hilfreicher ist, ´nen Antrag zu stellen auf Unterstützung. Dass die einfach diesen Weg mal gegangen sind. Wissen, wie hart es ist, vor einem Menschen zu stehen, der entscheidet, kriegt er oder kriegt er nicht. Weil immer diese Angst da ist, ich möchte noch was anderes haben, bezahl ich mir die Klassenfahrt selber, kann ich das nicht. Und das ist irgendwo ´nen manchmal sehr erniedrigendes Gefühl und dass sie diese Erniedrigung wirklich mal erlebt haben sollen. [...] Weil das ist echt Scheiße" (Hölscher, 2003, S. 170). Ein weiterer Junge erzählt von seinen Erfahrungen mit dem Sozialamt in Bezug auf die medizinische Fürsorge. „Die Leute, die Sozialhilfe gewähren, die sind mir nicht so ganz geheuer. Also diese Kasse, das ist das Schlimmste, glaub ich, die Krankenkasse. Immer musst du hingehen und praktisch betteln. Gehst du immer hin, ich brauch einen Krankenschein. Und wenn du diesen Krankenschein hast, gehst zu dem Doktor. [...] Und auf Krankenschein schreiben sie vielleicht nicht so gute Medikamente auf" (ebd., 2003, S. 171). Solche Erlebnisse, die durch Armut entstehen, führen zu einem großen Leidensdruck der Kinder und Jugendlichen. Sie erfahren immer wieder, dass sie im Gegensatz zu Mitschülern und Freunden, an vielen Ereignissen nicht selbstverständlich teilnehmen können.

Die Armutserfahrungen in jungen Jahren bewirken bei vielen Kindern und Jugendlichen eine hohe schulische Leistungsmotivation. Sie streben einen guten Schulabschluss an, um später einmal finanziell besser versorgt zu sein. Diese Leistungsmotivation lässt die Kinder auch mögliche Belastungen innerhalb der Klasse besser ertragen (Hölscher, 2003). „Ich weiß, wie schlimm das ist, auf dem Sozialamt. Deswegen will ich, dass aus mir was wird" (ebd., 2003, S. 213). „Und vernünftiges Geld kann ich nur dann verdienen, wenn ich ein vernünftiges Zeugnis habe und einen vernünftigen Abschluss und das hab ich mir klar gemacht. Weil das, was ich jetzt erlebe und auch erlebt habe, möchte ich im Leben nicht wieder erleben" (ebd., 2003, S. 213). Die Jugendlichen haben erkannt, dass sie mit einem guten Schulabschluss im späteren Berufsleben bessere Teilhabechancen haben. Daher konzentrieren sich viele intensiv auf die Schule und ignorieren herablassende Bemerkungen der anderen Mitschüler.

Zusammenfassend lässt sich festhalten, dass die Schule für die Kinder und Jugendlichen ein wichtiger Ort der Begegnung ist. Schule ist für sie mehr als eine Bildungsinstitution. Hier besteht die Möglichkeit, Freunde kennenzulernen und Freizeitaktivitäten zu planen. Des weiteren stellt die Schule neben der Familie den Ort im Leben der Kinder und Jugendlichen dar, an dem sie die meiste Zeit verbringen. Es kann folglich konstatiert werden, dass eine Marginalisierung innerhalb dieser Einrichtung für Kinder und Jugendliche eine schwerwiegende Belastung darstellt. Ausgrenzungen durch die Mitschüler bedeuten häufig, dass die Betroffenen nicht nur in der Schule zu Außenseitern werden, sondern ebenso in ihrer Freizeit nicht in den entsprechenden Freundesgruppen integriert sind. Dies kann sich einerseits negativ auf die Schulleistungen auswirken, andererseits eine erhöhte Lernmotivation bewirken. Im ersten Fall resignieren die Kinder auf Grund des Status als Außenseiter, den sie innerhalb ihrer Klasse innehaben. Sie haben keine Lust mehr in der Einrichtung Schule die für sie ausschließlich negativ behaftet ist, Leistungen zu erbringen. Im zweiten Fall konzentrieren sich die Betroffenen gerade wegen der Probleme mit den Mitschülern ausschließlich auf die schulischen Leistungen. Sie versuchen, durch gute Noten von den Lehrern Anerkennung zu erhalten und die Schule erfolgreich abzuschließen.
Grundsätzlich verschlechtert sich jedoch das subjektive Wohlbefinden dieser Kinder und Jugendlichen. Neben diesen Schwierigkeiten mit den Mitschülern sind die Heranwachs-

enden oft zusätzlich durch die Situation in der Familie benachteiligt. Probleme innerhalb des Elternhauses, fehlende Unterstützung sowie schlechte Wohnbedingungen können negative Folgen für die schulischen Leistungen der Kinder hervorrufen. Erschwerend kommt zu diesen Problemfaktoren eine oft strukturelle Schlechterstellung der von Armut betroffenen Kinder und Jugendlichen von Seiten der Lehrer.

Es ist verständlich, dass aufgrund der geschilderten Bedingungen, unter denen ökonomisch deprivierte Kinder und Jugendliche aufwachsen, viele von ihnen in der Schule scheitern. Trotzdem gibt es Jugendliche, die in Armut aufwachsen und die Schule erfolgreich beenden. Sie erweisen sich als widerstandsfähig gegenüber den zahlreichen Belastungen, denen sie in ihrer Kindheit und Jugend ausgesetzt sind. Daneben nutzten sie innere und äußere Ressourcen, um trotz finanzieller Notlage und den damit verbundenen Risikofaktoren die Schule und weitere Herausforderungen auf ihrem Lebensweg zu bewältigen.

Kommentar:
Während der Arbeit an diesem Punkt ist mir besonders die meiner Ansicht nach verhängnisvolle **negative Beurteilung der von Armut betroffenen Kinder und Jugendlichen durch die Lehrer** aufgefallen. Die Schüler haben so gut wie keine Möglichkeiten, sich gegen diese Benachteiligung innerhalb der Schule zu wehren. Vielfach resultiert die Schlechterstellung der Schüler aus Familien der unteren sozialen Schicht daraus, dass die Lehrer in der Regel selbst der Mittelschicht angehören. So orientieren sie sich an den Verhaltensweisen und Umgangsformen, die innerhalb dieser gesellschaftlichen Gruppe als „normal" angesehen werden. Die Kinder und Jugendlichen, die aufgrund der beschriebenen Einschränkungen der Armut und insbesondere durch die Sozialisationsbedingungen, die das Aufwachsen in Armut mit sich bringen kann, auffällige Verhaltensweisen an den Tag legen, werden vom Lehrpersonal häufig benachteiligt. Natürlich sind gewisse Regeln, Normen, Werte und Verhaltensweisen in der Schule unabdingbare Voraussetzungen, um unterrichten zu können. Aber dass die sozial auffälligen Kinder und Jugendlichen, wie die Untersuchung von Rössel (1998) gezeigt hat, in ihren Leistungen schlechter bewertet werden, halte ich für sehr bedenklich. **Kinder und Jugendliche aus Armutsfamilien laufen bei nichtkonformen**

Verhalten Gefahr, von der Schule ausgegrenzt zu werden. So werden in der Regel schon in der Grundschule verhaltensauffällige Kinder als lernbehindert eingeschätzt und auf eine Sonderschule verwiesen. Während eines Seminars in Sozialmedizin habe ich erfahren, dass die so genannte Lernbehinderung in unserer Gesellschaft eine der häufigsten Krankheit bzw. Behinderung ist. Diese Bemerkung war bewusst etwas überspitzt gehalten, da sie auf die zahlreichen Kinder aufmerksam machen sollte, die ohne eine Lernbehinderung im engeren Sinne von der Regelschule ausgegrenzt werden. **Durch die Selektionsprozesse der Schulen, werden viele Schüler bereits in jungen Jahren in ihren Bildungschancen beschnitten.** Aber auch durch eine prinzipiell schlechtere Beurteilung der Leistungen haben es Kinder und Jugendliche aus Armutsfamilien in einer Regelschule ungleich schwerer. Meiner Ansicht nach muss gegen diese Entwicklung dringend etwas unternommen werden. Zum einen sollte das Thema Armut von den Lehrern in der Klasse thematisiert und diskutiert werden. Dies könnte eine präventive Maßnahme gegen Ausgrenzungstendenzen innerhalb der Klasse sein. Gleichzeitig hätten die Lehrer einen Einblick auf das Ausmaß der von Armut betroffenen Kinder und Jugendlichen. Rössel (1998) und seine Arbeitsgruppe haben herausgefunden, dass die soziale Benachteiligung einiger Kinder von den Lehrkräften überhaupt nicht wahrgenommen wird. Daneben muss ein gewisses Maß an Objektivität bei der Leistungsbewertung gegeben sein. Kinder und Jugendliche sollten bei gleicher Leistung unabhängig von ihrer Herkunft auch gleich bewertet werden. Auf die Heranwachsenden, die ein stark abweichendes Verhalten zeigen, müsste intensiver und spezieller eingegangen werden. Da dies in den Schulen, in der häufig eine Klassenstärke von 30 Kindern und mehr die Realität ist, nicht ohne weitere finanzielle Mittel möglich ist, rückt eine Verbesserung der Situation in weite Ferne.

6. Falldarstellung: Rita – Erfolg durch Leistung?

Dass es unter ungünstigen finanziellen und sozialen Verhältnissen auch für Kinder möglich ist, die Armut und die damit verbundenen Probleme erfolgreich zu bewältigen, möchte ich abschließend anhand der nun folgenden Auszügen aus einem Fallbeispiel veranschaulichen.

Das Leben von Rita ist eine der „erfolgreichen" Lebensgeschichten von Armut betroffener Kinder, die im fünften Zwischenbericht des Forschungsprojektes „Lebenslagen und Lebenschancen von (armen) Kindern und Jugendlichen" (Hock & Holz, 2000, S. 87ff.) veröffentlicht wurden. Rita ist (zum Zeitpunkt des Interviews) 24 Jahre alt. Sie arbeitet in einer mittelgroßen Firma und jobbt nebenbei als Bedienung in einer Kneipe. Sie ist ledig und lebt alleine.

Rita kommt im Jahr 1968 in einer westdeutschen Industriestadt mit ca. 70.000 Einwohnern zur Welt. Ihre Eltern sind beide gehörgeschädigt und reden daher sehr laut. Ihr Vater arbeitet für einen niedrigen Lohn weit entfernt von zu Hause. Ihre Mutter ist Hausfrau. Rita hat zwei Geschwister. Einen älteren Bruder (1966 geboren) und eine jüngere Schwester (1972 geboren).

Rita bewertet ihre Kindheit schon zu Beginn des Interviews als „*beschissen"*. Ihr Alltag ist durch die prekäre ökonomische Lage der Familie geprägt. Sie wird aufgrund ihrer ärmlichen Kleidung und der insgesamt schlechten sozialen Lage ihrer Familie von den Kindern aus der Nachbarschaft und den Klassenkameraden ausgegrenzt. Die Armutssituation beschreibt sie wie folgt: „*... Bei uns gab´s auch nie schöne Sachen zum Anziehen, das Geld war einfach knapp, und der Papa mußte bis nach D. fahren zum arbeiten und kam abends nie vor acht nach Hause ... Es gab bei uns zum Geburtstag und zu Weihnachten Klamotten, anstatt wie bei anderen Kindern Spielzeug oder so ... Ansonsten gab´s die das ganze Jahr nicht ... Man war halt nie so schön angezogen, und das hat eben zum Gespött geführt, weil die anderen eben andere Dinge hatten ... Ich behaupte einfach mal, daß wir ... diejenigen waren, die am wenigsten Geld hatten von allen drumrum ... Ich bin sowieso im Sozialen Wohnungsbau aufgewachsen, und was da teilweise wohnt, weiß man ... Da wohnen sicherlich tolle und* *anständige Familien, aber es waren eben auch andere ..., ich sag mal fifty-fifty".*

Neben der finanziellen Knappheit und der dadurch nur eingeschränkten Möglichkeit innerhalb der Gleichaltrigengruppe mitzuhalten, ist sie aufgrund der Behinderung der Eltern zusätzlichen Belastungen in ihrem Umfeld ausgesetzt: *„... Abgesehen davon, daß man eben nachgeäfft wurde oder daß meine Eltern nachgeäfft wurden, waren wir halt immer Angriffspunkt für die anderen Kinder gerade in der Nachbarschaft. Angriffspunkt in Form von dummen Streichen, von Gemeinheiten bis zu brutaler Aggressivität ..., da hat´s auch mal Schläge gegeben oder sonst was ..."*

Doch Rita lässt sich die Demütigung die sie immerzu erfährt nicht anmerken. Sie zieht sich nicht (was wohl die einfachere Strategie gewesen wäre) aus Scham und um den Stigmatisierungen zu entgehen zurück, sondern sie kontert mit Worten und Taten, sie möchte bei den Aktionen der Kinder aus der Nachbarschaft dabei sein: *„... Ich behaupte mal, ich bin ... ja bekannt für meine große Klappe ... weiß auf alles irgendwas zu sagen ... Ich sag mal, ich bleibe keine Antwort schuldig ... Das führe ich also ganz klar darauf zurück – wobei ich heute schon ziemlich ruhig geworden bin, aber immer noch sehr laut bin [lacht] – aber das führe ich ganz klar darauf zurück, daß ich eben als Kind immer Angriffspunkt war und gerade als Mädchen ... Ich mein´, ich war ein Mädchen, aber irgendwo war ich immer ein Junge. Die meisten Kinder in der Nachbarschaft, waren eben Jungs in meinem Alter oder älter ..., mit denen wollte ich mitziehen ... Ich hab´ mich dann immer profiliert in Dingen wie die, die auf dem obersten Ast im Baum saß, die als erste auf die Garage geklettert war und eben die mit der größten Klappe. Ich musste mich ja irgendwie wehren, und körperlich ging es halt nicht unbedingt ..."*

Rita isoliert sich folglich nicht, sondern sie versucht sich die Anerkennung in ihrer Umgebung zu erkämpfen. In der Schule gelingt ihr dies durch gute Noten. Sie hat das Glück, ohne große Anstrengungen und trotz fehlender Unterstützung von zu Hause gute Leistungen zu erbringen: *„... In der Schule, muß ich sagen, vielleicht auch durch die Tatsache, daß ich ... das Gespött der anderen durch die Behinderung meiner Eltern war, und dadurch, daß bei uns in der Familie Geld immer sehr knapp war, war ich halt nie so toll angezogen wie die anderen ... hab´ ich dafür mit Leistung geglänzt ... ich war immer gut,* ich war immer oberer Durchschnitt, teilweise sogar in manchen Fächern Klassenbeste ..., wobei – gelernt hab´ ich nie, das fiel mir halt Gott sei Dank so zu ...´´

Nach dem Wechsel auf eine Gesamtschule ist es für Rita anfänglich sehr schwer. Sie muss sich nun erneut um Anerkennung innerhalb der Klasse bemühen, erst als sie eine gute Freundin findet, entspannt sich die Situation allmählich. Durch den Schwimmverein gelingt es Rita im Alter von zwölf Jahren ihr Selbstbewusstsein zu stärken: ,,... Dann hatte ich halt den Vorteil, daß ich schon immer ´ne sehr gute Sportlerin war ..., dadurch hab´ ich eben sehr viel Sport getrieben ... lange geturnt und bin dann irgendwann zum Schwimmen gegangen, und ich hab´ also auch wirklich Leistung geschwommen. Da hat man schon andere Menschen kennengelernt, die einem auch anders begegnet sind. Ich mein´, im Badeanzug sehen sie nun mal alle gleich aus ...´´´´

Während der Pubertät verschlimmert sich die Situation in Ritas Familie. Zuerst zieht der ältere Bruder zu den Großeltern. Es ist anzunehmen, dass die Eltern nicht mehr mit ihm zurechtgekommen sind, auch wenn Rita behauptet, der Auszug hätte aus Platzgründen stattgefunden. Zwei Jahre später trennen sich Ritas Eltern, was für den Vater und die ganze Familie nicht einfach gewesen sein kann: ,, ... Meine Mutter ist dann wieder in ihren Heimatort gezogen, und wir drei sind bei unserem Vater geblieben, wobei mein Bruder schon so erwachsen war ..., daß er ... bei der Entscheidung, bleibst du bei Vater oder Mutter, sowieso nicht mehr hinzugezogen wurde. Wir – meine kleine Schwester und ich – haben uns eben mit vierzehn und elf für den Vater entschieden, einfach aus der Tatsache heraus, daß ich in dem Alter ´ne Akzeptanz bei meinem Umfeld geschaffen habe, daß ich mich irgendwo behauptet habe und Freunde hatte, von denen ich mich dann auch logischerweise nicht mehr trennen wollte ...´´ Für Rita ist der Weggang der Mutter scheinbar kein besonders kritisches Lebensereignis. Sie möchte ihren neu gewonnenen Freundeskreis nicht verlassen. Außerdem hängt sie an ihrem Vater: ,,... Ich war schon immer ein Papakind, mein Bruder war neutral, und meine Schwester war eigentlich das Mamakind. Und als Mama dann eben weg war ..., da war´s für sie halt erst mal schwer...´´

Problematisch an dieser neuen Situation ist eher die viele Zeit, die sie (nun als älteste) innerhalb der Familie aufbringen muss: ,,... Ja, gut, ich hatte halt die gesamte Verantwortung a) für meine kleine Schwester, b) in gewisser Weise auch für meinen Vater, weil der eigentlich auch ein kleines Kind war ..., c) für den Haushalt. Da mußte ich die Schule dann noch irgendwie machen, und es hat im ersten halben Jahr tierisch Probleme gegeben ..."

In dieser Zeit beginnt Rita in ihrer Freizeit eigenes Geld zu verdienen: „... Ich hab` mir dann zum Beispiel einen kleinen Nebenjob gesucht, bin dann halt bei einer älteren Dame, die schwer behindert war, putzten gegangen und einkaufen und hab´ mir da so zwanzig Mark verdient, die man dann eben so noch brauchte, für so Kleinigkeiten, die man als Mädchen eben so braucht ..."

Es liegt auf der Hand, dass Rita in dieser Lebensphase durch die Belastungen in der Familie und durch ihre Gelegenheitsjobs kaum Zeit hatte, sich auf die Schule zu konzentrieren. Umso anerkennenswerter ist die Tatsache, dass sie scheinbar mühelos im Alter von siebzehn Jahren die Gesamtschule mit der mittleren Reife abschließt. Rita kann aufgrund der problematischen Situation im Elternhaus die Schule nicht weiter besuchen, was sie sehr beklagt: „... Ich hatte nie die Chance, zu studieren oder auch nur das Abitur zu machen ..., was ich bis heute irgendwie bedau´re. Ich durfte es nicht, es hieß damals schon ... geh daß du arbeiten gehst und deinem Vater nicht immer auf der Tasche liegst ..." „... geholfen hat mir auch keiner ... Ich hab´ das schon sehr bedauert, ich ... hätte schon gerne mein Abitur gemacht und hätte irgendwas studiert ..."

So bleibt ihr aufgrund der prekären finanziellen Situation nur noch die Option, eine Ausbildungsstelle zu suchen. Was ihr eigentlich überhaupt nicht gefällt: „... Ich hab´ mir dann irgendwie 'ne Lehrstelle gesucht. Ich hab´ also drei Bewerbungen geschrieben, drei Zusagen erhalten. Ich wußte nie so richtig, was ich machen wollte. Ich wußte nur, daß ich mit vielen Menschen zu tun haben wollte, und bin somit beim Einzelhandelskaufmann seinerzeit gelandet, weil du eben ständig Publikumsverkehr hast ..."

Aus der eher lustlosen, gezwungenen Situation heraus, bewirbt sich Rita daher überraschend erfolgreich als Einzelhandelskauffrau. Sie wählt die Ausbildungsstelle, die ihr am verdienstlichsten erscheint: „... Ich hab ´das in einem großen Kaufhaus gemacht, weil mir da die Aussichten ..., Karriere ... zu machen, mal rauszukommen, besser erschienen ..."

Während der Ausbildung verstärken sich die Belastungen in Ritas Familie. Der Vater bekommt aufgrund seiner Alkoholkrankheit Probleme auf der Arbeit. In dieser Phase ist Rita die einzige, die sich neben dem Haushalt, den sie nach der Arbeit erledigt, um ihn kümmert. Die Großeltern verdrängen die Alkoholsucht, und so ist Rita bei der Betreuung ihres Vaters auf sich alleine gestellt. Rita ist in dieser Zeit extremen psychischen Belastungen ausgesetzt, wie das folgende Zitat zeigt: *„.... bis es eben irgendwann eskalierte, daß mein Vater in der Straße so blöd eine kleine Treppe runterfiel, daß der sich eben sämtliche Bänder gerissen hat. Im Krankenhaus konnte noch nix getan werden, weil die Schwellung noch zu groß war. Es wurde 'ne Gipsschiene angelegt und anschließend nach Hause geschickt ... Papa lag den ganzen Tag zu Hause ... Papa lag die ganze Nacht zu Hause. Und als ich dann abends um zwölf Uhr nach Hause kam, lag Papa im Delirium ... Dann hab 'ich vier Stunden lang mit Papa gekämpft ... hab 'ihn davor bewahrt, sich das Bein mit dem Messer abzuschneiden, hab' mir alle Dinge angehört, die er gesagt hat ... hab' ihn getröstet wie ein kleines Kind, hab' mir ein paar runter hauen lassen ... Ich glaub, es gibt wenige Menschen, die einen Menschen im Delirium erlebt haben. Das ist das schlimmste, was mir je passiert ist, und ich wünsche es keinem. Und ich möchte es nie wieder erleben, nie wieder ... Bis ich es dann um fünf Uhr morgens irgendwann aufgegeben habe. Dann hab' ich bei meinen Großeltern angerufen und gesagt, so, kommt rüber, bringt Schnaps mit, alles was ihr da habt, und guckt euch euren Sohn an ... und hab' direkt danach den Notarzt angerufen. Meine Großeltern kamen dann auch sofort, und hab' ihm innerhalb einer halben Stunde fünf Flachmänner eingeflößt, bis er erstmal ruhig war, nur noch gezittert hat, aber wenigstens schon mal so weit hergestellt war, daß er zu mir sagte, warum gibst du mir jetzt Schnaps? ... Er sollte ins Krankenhaus eingewiesen werden. Ich hatte für dienstags schon eine, was ich sowieso schon vorher heimlich gemacht hatte. Dort war gleichzeitig noch 'ne Untersuchung in bezug auf den Alkoholismus ... und ich hatte dann auch 'ne Zwangseinweisung erwirkt. Ich weiß, daß ich da unheimlich weit gegangen bin, aber ... das war die einzige Chance für mich oder die ich gesehen hab', um meinen Vater irgendwo zu retten. Ich weiß heute und ich hab's damals schon gewußt, daß ein Alkoholiker nur selbst auf die Füße kommt, indem er selber sagt: Ich mach' Schluß ... Aber* *ich hab´s nicht mehr ausgehalten, weil ... er also wirklich der Mensch ist und war ... den ich am meisten auf dieser Welt geliebt habe. Ich konnte es nicht mehr mit ansehen ... Das waren halt die Umstände, die das dann bewirkt haben, daß die erste Entziehung eingeleitet wurde. Ich hab´ ihn dann den Sonntag noch direkt in die richtige Klinik einweisen lassen, immer mit dem Gezeter meiner Großeltern im Hintergrund. Die haben dann eine Umlegung bewirkt in diese andere Klinik mit dem sanften Entzug ..."*

In dieser dramatischen Situation versucht Rita anfänglich alleine klar zu kommen, wie sie es schon von Kindheit an getan hat. Erst als sie merkt, dass ihre Kräfte und die Geduld nicht mehr ausreichen, wendet sie sich als letzten Ausweg an die Großeltern.

Im weiteren Verlauf ihres Lebens zieht Rita zunächst nach mehreren gescheiterten Entziehungsversuchen ihres Vaters aus der Wohnung aus. Die Belastungen werden für sie unerträglich, sie kann das Elend des Vaters, zu dem sie immer eine gute Beziehung hatte, nicht ertragen. Sie beendet ihre Ausbildung, entscheidet sich jedoch gegen die ihr gebotene Chance, sich als Substitutin weiterzubilden. Sie möchte den damit einhergehenden Ortswechsel nicht in Kauf nehmen, zumal sie in dieser Zeit mit ihrem ersten festen Freund zusammen ist. Auch hat sie sich noch immer nicht gänzlich von ihrem Vater gelöst. Stattdessen nimmt sie eine Stelle in einem beheimateten Kleinbetrieb an.

Zusammenfassung:

Rita wächst in einer relativ armen Familie auf, die als Multiproblemfamilie bezeichnet werden kann. Sie wird in Schule und Nachbarschaft aufgrund der niedrigen sozialen Herkunft gemieden und verspottet. Im Laufe ihrer Pubertät wird die Familie teilweise getrennt, und der Vater beginnt exzessiv zu trinken. Die Hausarbeit wird seit der Trennung der Eltern Rita übertragen, und sie muss die Schule nach dem Realschulabschluss verlassen.

Diese kurz zusammengefassten wesentlichen Eckpunkte aus Ritas Leben verdeutlichen, dass sie von klein auf vielen Belastungen und Problemen ausgesetzt ist. In ihrer Kindheit etwa bis zum zwölften Lebensjahr beschreibt sie insbesondere die schlechte Wohngegend als belastend. Sie leidet außerdem unter den Ausgrenzungen, die sie in ihrem Umfeld aufgrund der schlechten materiellen Bedingungen der Familie erfährt. Die Eltern können den Kindern keine modische Kleidung oder Spielsachen kaufen. Durch die Behinderung ihrer Eltern hat es Rita im Grundschulalter zusätzlich schwer.

Der Wechsel auf die Gesamtschule bringt für Rita erneut Probleme, sich in der neuen Situation Anerkennung zu verschaffen. Nachdem die Eltern sich getrennt haben, wird sie intensiv in den Haushalt eingebunden und muss sich daneben noch um den alkoholkranken Vater kümmern. Zu diesem Zeitpunkt geht Rita neben der Schule arbeiten, um sich etwas leisten zu können. Besonders schlimm ist für Rita das vom Vater erzwungene Ende der schulischen Laufbahn.

Doch Rita resigniert zu keinem Zeitpunkt, immer wieder bewältigt sie die anstehenden Probleme. Sie zieht sich nicht zurück, sondern versucht Kontakte zu knüpfen. Sie schafft es, trotz vieler Zurückweisungen und Verletzungen, von anderen akzeptiert zu werden und lässt sich von Rückschlägen nicht entmutigen. Dies gelingt ihr durch mutiges, extrovertiertes Auftreten und „eine große Klappe". In der Schule profitiert sie von ihren guten kognitiven Fähigkeiten. Sie kommt ohne professionelle oder familiäre Unterstützung mit dem Lehrstoff gut zurecht. Durch die Situation in der Familie - nach dem Weggang der Mutter - lernt Rita schon früh, Verantwortung zu übernehmen. Sie ist nun die älteste von den Geschwistern und muss die Situation alleine bewältigen. Diese Strategie wendet sie in ihrem weiteren Leben immer wieder an. Ihre verantwortungsvolle Stellung innerhalb der Geschwisterreihe und die trotz allem positive Beziehung zu ihrem Vater können als wichtige Voraussetzung für ihre emotionale Stabilität angesehen werden.

So gelingt es Rita trotz der manchmal dramatischen Verhältnisse, die Schule erfolgreich zu beenden, eine Ausbildung zu absolvieren und eine Anstellung zu bekommen.

Mit diesem Fallbeispiel einer erfolgreichen Armutsbewältigung zeigt sich, wie Kinder unter größter Anstrengung und enormer Leistung die Armut hinter sich lassen können. Entscheidend für eine erfolgreiche Biographie im vorliegenden Fall ist meiner Ansicht nach vor allem Ritas Ehrgeiz. Sie gibt nie auf und versucht, sich alles zu erkämpfen. Sie scheint gegen die Stigmatisierungen, die sie von den anderen Kindern erfährt, resistent zu sein. Des weiteren hat Rita großes Glück, dass sie ohne viel zu lernen und trotz enormer Belastungen in der Schule gut mitkommt. Außerdem ist der stabile Freundeskreis, den Rita sich aufgebaut hat, ein wichtiger Schutzfaktor gegenüber den zahlreichen Belastungen innerhalb ihrer Familie.

7. Resümee

Relative Armut ist eine nicht unbedeutende Erscheinung in der Bundesrepublik. An der ungleichen Einkommensverteilung in Deutschland leiden besonders Kinder und Jugendliche aus unterprivilegierten Familien. Galt ihr Leben und Aufwachsen in der Vergangenheit noch durch die sozialstaatliche Sicherung sowie durch die Expansion des Bildungswesens als nahezu gesichert, so sind sie seit einigen Jahren in ihren Lebenschancen und Entwicklungsmöglichkeiten extrem eingeschränkt.

In der vorliegenden Arbeit habe ich die Kinder- und Jugendarmut unter dem Gesichtspunkt der ungleichen Teilhabechancen am Bildungssystem untersucht. Es zeigte sich, dass die von Armut betroffenen Kinder und Jugendlichen aus verschiedenen Gründen im Bereich der Bildung benachteiligt sind.

Eingeschränkte ökonomische Ressourcen veranlassen viele Eltern, die Kinder möglichst früh von der Schule zu nehmen, um eine finanzielle Entlastung zu erfahren. Ebenso wirkt sich eine ungünstige soziale Lage der Familie auf die Bildungsmöglichkeiten der Kinder aus. Daneben konnte die Bildung der Eltern ebenfalls als Einflussfaktor für die Schullaufbahn der Kinder ausgemacht werden. Durch die Armut der Familie ergibt sich nicht selten eine deprivierte Wohnsituation, welche dann ebenfalls negativ auf die Schulkarriere der Kinder einwirken kann. Von Armut betroffene Kinder und Jugendliche sind auch im Schulalltag durch ihre Armutssituation benachteiligt. Besonders schlimm ist dieses Erscheinungsbild der Armut, wenn Kindern gegen ihren Willen der Schulbesuch verwährt wird. Entweder sie finden sich mit ihrer „niedrigen" Bildung sowie den damit verbundenen Restriktionen für die weitere Zukunft ab, oder sie streben einen höheren Abschluss über den zweiten Bildungsweg an. Dieser Weg ist allerdings ungleich mühsamer und aufwendiger, stellt für die Betroffenen jedoch die einzige Lösung dar.

Haben sie die Fach- bzw. Hochschulreife erlangt, stehen ihnen nun alle Möglichkeiten offen, wären da nicht noch die kürzlich eingeführten Studiengebühren. Diese berühren vor allem diejenigen, welche sich ihr Studium durch Arbeit finanzieren. Ihnen ist es dadurch oft nicht möglich, die Universität in der Regelzeit abzuschließen. Sie haben nach Überschreitung der Frist nur noch wenige Semester, um von den Gebühren verschont zu bleiben. Ganz besonders hart trifft es die Studierenden, die lange vor Einführung der Gebühren ihr Studium begonnen

haben. Sie hatten nicht die Möglichkeit, sich auf diese Maßnahme einzustellen, und gehören nun zu den ersten „Opfern"
der neuen Bestimmungen. So sind es erneut die ohnehin
schon benachteiligten Menschen, welche im schlimmsten Fall
von einem Hochschulstudium ausgeschlossen werden.

Kinder aus armen Verhältnissen besuchen signifikant seltener
das Gymnasium als Kinder aus materiell gesicherten Haushalten. Dieses Ergebnis aus der Armutsforschung ist bezeichnend für die Tragweite der Konsequenzen, die sich aus
der Armutssituation, in denen Kinder und Jugendliche aufwachsen, ergeben können. Die soziale Ungleichheit wird vor-
nehmlich über das Elternhaus vermittelt, daher besteht ein er-
höhter sozialpolitischer Handlungsbedarf im Bereich der Fami-
lienunterstützung.
Schon in den Grundschuljahren müssen Präventionsprogramme für auffällige Kinder mit Schulschwierigkeiten einset-
zen, um ihnen bei dem Übergang in den Sekundarbereich I
bessere Chancen zu bieten. Ein hervorragendes Beispiel für
solche früh greifenden Maßnahmen ist das in Amerika entwi-
ckelte und weit verbreitete Programm FAST (Families and
schools together), welches von der Universität Siegen auch in
Deutschland im Rahmen von Projekten durchgeführt wurde.
Das Programm versucht die Zusammenarbeit zwischen Schule
und Elternhaus zu verbessern. Die Kinder werden dem Programm von der Schule empfohlen, sobald sie Verhaltensauffälligkeiten oder Lernschwächen zeigen. Die Mitarbeiter von FAST
nehmen Kontakt mit den Eltern auf und ermutigen sie im
Rahmen eines Hausbesuches, gemeinsam mit dem Kind an einem achtwöchigen Programm teilzunehmen. Dort haben die
häufig sozial isolierten Eltern die Möglichkeit, ein soziales
Netzwerk aufzubauen. Sie lernen andere Familien mit ganz
ähnlichen Problemen kennen. Das Programm versucht, die
Familienentwicklung über den Familienzusammenhalt zu fördern. Dabei wird an den schon vorhandenen Ressourcen der
Eltern angeknüpft. Die Mütter und Väter erfahren, wie wichtig
ein adäquater Umgang mit den Kindern sowie eine positive,
unterstützende Erziehung ist. Durch die interdisziplinäre Zu-
sammensetzung des Teams haben die Eltern auch die Möglichkeit, mit Mitarbeitern von Beratungsstellen und anderen sozialen Einrichtungen Kontakt aufzunehmen. Die Kinder lernen im
Rahmen der wöchentlichen Treffen andere Kinder kennen und

werden gezielt in ihrem Sozialverhalten gefördert. Ihre schulischen Leistungen können in den meisten Fällen durch die Teilnahme an dieser Maßnahme verbessert werden. Das FAST – Programm bedient sich anerkannter Methoden aus der Entwicklungspsychologie, Therapie- und Resilienzforschung. Es bietet den Familien somit professionelle Hilfe im Rahmen einer angenehmen wenig befremdlichen, auf Freiwilligkeit basierenden Atmosphäre. Durch diesen niedrigschwelligen Zugang gelingt es, viele Familien zu erreichen und von der Teilnahme zu überzeugen.

Ähnliche Programme könnten auch in Deutschland Kindern helfen, die Schule mit einem besseren Abschluss zu verlassen. Meines Erachtens wird die Problematik der Bildungsungleichheit, welche durch Armut und extreme soziale Ungleichheit in Deutschland entsteht, noch zu wenig thematisiert. Dieses fehlende Bewusstsein in der Gesellschaft, in welchem Ausmaß Kinder und Jugendliche in Deutschland von Armut betroffen sind und was dies für ihre Zukunft bedeuten kann, ist meiner Ansicht nach die Hauptschwierigkeit und ein entscheidender Grund dafür, dass sich die prekäre Situation bis jetzt nicht verbessert hat. Dabei sollten, gerade mit Blick auf die Zukunft dieses Landes, das Wohlergehen sowie die Entwicklungs- und Bildungsmöglichkeiten der Kinder unbedingt im Vordergrund stehen.

Allerdings müsste die Politik hier entscheidende Akzente setzten. Angesichts der seit Jahren zunehmenden Armut von Kindern und Jugendlichen ist es erstaunlich, dass die Regierung die Existenz von Kinderarmut in der Bundesrepublik erst allmählich als feststehendes Problem ansieht. Die Maßnahmen, welche von gesellschaftspolitischer Seite unternommen wurden, konnten jedoch bis heute keine wesentliche Erleichterung der Situation bewirken. Um Präventionsprogramme ähnlich wie in den USA auch in Deutschland effektiv umsetzten zu können, müssen die hohe Armutsbetroffenheit und die damit verbundenen Restriktionen der Kinder und Jugendlichen verstärkt untersucht und publik gemacht werden.

Bis zum heutigen Zeitpunkt hat sich die Armutsforschung mit dieser Thematik nur vereinzelt auseinandergesetzt. In den 80er Jahren wurde die Armut der Kinder und Jugendlichen, wenn überhaupt, als Begleiterscheinung der elterlichen Armut erfasst. Die Heranwachsenden wurden nicht als eigene, von Armut betroffene Subjekte wahrgenommen. Daher waren ihre

Lebensbedingungen auch eher selten Gegenstand wissenschaftlicher Untersuchungen. Erst im weiteren Verlauf der 90er Jahre rückte die zunehmende Kinderarmut in das Interesse der Armutsforschung, insbesondere durch den Armutsbericht des DGB und des Paritätischen Wohlfahrtsverbandes der von Walter Hanesch u.a. 1994 herausgegeben wurde.

Seit dieser Zeit wurden die Auswirkungen und die Bewältigungen von Armut bei Kindern und Jugendlichen vermehrt wissenschaftlich analysiert.

An dieser Stelle möchte ich die dreijährige Untersuchung vom Bundesverband der Arbeiterwohlfahrt hervorheben. Dieses Forschungsprojekt „Lebenslagen und Lebenschancen von (armen) Kindern und Jugendlichen" der jüngsten Zeit, betrachtet die Heranwachsenden als eigenständige Subjekte, die von Armut und sozialer Randstellung betroffen sind. Gemäß dem Konzept der Lebenslage erforschte das Autorenteam, was unter Armutsbedingungen bei dem Kind ankommt. Neben der materiellen Versorgung wurde ebenso der kulturelle und soziale Bereich sowie die psychische und physische Lage des Kindes berücksichtigt (Hock, Holz u.a., 2000). Durch diese mehrdimensionale Vorgehensweise bietet die umfangreiche Studie einen anschaulichen, adäquaten Einblick in den Alltag der von (Einkommens-)Armut betroffenen Kinder und Jugendlichen. Es wäre wünschenswert, wenn diese oder ähnliche Forschungsprojekte auch in der Zukunft fortgeführt würden. Da es sich bei dem Forschungsprojekt der AWO um eine qualitative Untersuchung handelt, besteht insbesondere großes Interesse an entsprechenden Längsschnittstudien.

Während der Monate in denen ich mich intensiv mit der Kinder- und Jugendarmut beschäftigt habe, ist mir das Ausmaß und Erscheinungsbild dieser Thematik erst bewusst geworden. Schon allein die hohe Zahl der von Armut betroffenen Kinder und Jugendlichen ist erschreckend. Dass in unserem Wohlfahrtsstaat die Heranwachsenden am stärksten von Armut betroffen sind, verursacht bei mir Fassungslosigkeit. Ich wusste zwar schon im Vorfeld meiner Recherchen, dass die Armut in Deutschland immer mehr Kinder und Jugendliche betrifft, dass diese Entwicklung jedoch eine solch dramatische Dimension darstellt, hat mich überwältigt. Vor allem die Tragweite der Folgen, die das Aufwachsen in Armut für die Bildung der Kinder bedeutet, habe ich mit Bestürzen zur Kenntnis genommen.

Dass die Armut Kindern in solch erheblichem Maße den Zugang zu Bildungseinrichtungen versperren kann, entzog sich bislang meiner Erfahrung. Durch die Arbeit an dieser Abhandlung hat sich meine Wahrnehmung im täglichen Leben verändert. Ich hatte zwar durch mein Studium und durch die Beschäftigung mit von Armut betroffenen Kindern bereits vor Beginn dieses Werkes Erfahrungen und Kenntnisse über die Lebenslagen dieser gesellschaftlichen Gruppe, wie drastisch sich jedoch das Aufwachsen in unterprivilegierten Familien auf die Kinder und Jugendlichen auswirkt, ist mir erst im Rahmen dieser Arbeit bewusst geworden. Ich betrachte verhaltensauffällige und von Armut und sozialer Ungleichheit betroffene Kinder und Jugendliche jetzt mit anderen Augen. Ebenso verhält es sich mit den Eltern, die sich in einer Armutslage befinden. Ihnen unterliegt zweifelsohne die größte Verantwortung für die Entwicklung und Entfaltung ihrer Kinder. Es liegt an ihnen, dem Kind ein erfolgreiches Leben zu Hause, in der Schule und in der weiteren Zukunft zu ermöglichen. Allerdings sind viele der Eltern selbst Opfer der gespaltenen Gesellschaft und mit der Erziehung ihrer Kinder hoffnungslos überfordert.

8. Literaturverzeichnis

- Bacher, J. (1998). Einkommensarmut von Kindern und subjektives Wohlempfinden. In: Mansel, J. & Neubauer, G. (Hrsg.), Armut und soziale Ungleichheit bei Kindern (S.173-189). Opladen: Leske + Budrich.

- Bäcker, G., Bispinck, R., Hofemnann, K., Naegele, G. (2000). Sozialpolitik und soziale Lage in Deutschland (Band 1). Wiesbaden: Westdeutscher Verlag.

- Bäcker, G. (1997). Arbeitslosigkeit und Armut Defizite der Sozialen Sicherung. In: Müller, S. & Otto, U. (Hrsg.), Armut im Sozialstaat (S. 95-112). Neuwied: Luchterhand Verlag.

- Baum, D. (2003). Armut und Ausgrenzung von Kindern: Herausforderung für eine kommunale Sozialpolitik. In: Butterwegge, C. & Klundt, M. (Hrsg.), Kinderarmut und Generationengerechtigkeit (S. 173-188). Opladen: Leske + Budrich.

- Becker, R. (1998). Dynamik rationaler Bildungsentscheidungen im Familien- und Haushaltskontext. In: Zeitschrift für Familienforschung. 10. Jg. 3. 1998. 5-28.

- Becker, R. & Nietfeld, M. (1999). Arbeitslosigkeit und Bildungschancen von Kindern im Transformationsprozess. In: Kölner Zeitschrift für Soziologie und Sozialpsychologie. 51.Jg. 1999. 55-79.

- Becker, I. & Hauser, R. (2003). Zur Entwicklung von Armut und Wohlstand in der Bundesrepublik Deutschland – eine Bestandsaufnahme. In: Butterwegge, C. & Klundt, M. (Hrsg.), Kinderarmut und Generationengerechtigkeit (S. 25-41). Opladen: Leske + Budrich.

- Bieligk, A. (1996). „Die armen Kinder": Armut und Unterversorgung bei Kindern; Belastungen und ihre Bewältigung. Essen: Die Blaue Eule.

- Boos-Nünning, U. (2000). Armut von Kindern aus Zuwandererfamilien. In: Butterwegge, C. (Hrsg.), Kinderarmut in Deutschland (S.150-173). Frankfurt/Main: Campus Verlag.

- Breitfuss, A. & Dangschat, J. (2001). Sozialräumliche Aspekte der Armut im Jugendalter. In: Hurrelmann, K. & Klocke, A. (Hrsg.), Kinder und Jugendliche in Armut – Umfang, Auswirkungen und Konsequenzen (S. 120-139). Wiesbaden: Westdeutscher Verlag.

- Buhr, P. (1995). Dynamik von Armut. Dauer und biographische Bedeutung von Sozialhilfebezug. Opladen: Westdeutscher Verlag.

- Buhr, P. (2001). Übergangsphase oder Teufelskreis? Dauer und Folgen von Armut bei Kindern. In: Hurrelmann, K. & Klocke, A. (Hrsg.), Kinder und Jugendliche in Armut – Umfang, Auswirkungen und Konsequenzen (S. 78-92). Wiesbaden: Westdeutscher Verlag.

- Butterwegge, C. & Klundt, M. (2003). Die Demografie als Ideologie und Mittel sozialpolitischer Demagogie? In: Butterwegge, C. & Klundt, M. (Hrsg.), Kinderarmut und Generationengerechtigkeit (S. 59-80). Opladen: Leske + Budrich.

- Czock, H., Riedel, W., Schirowski, U. (1994). Landessozialbericht Band 5: Soziale Situation kinderreicher Familien. Ministerium für Arbeit, Gesundheit und Soziales des Landes Nordrhein-Westfalen. Duisburg: WAZ- Druck.

- Fischer, B. (2000). Mit einer tief gespaltenen Gesellschaft ins 3. Jahrtausend? In: Butterwegge, C. (Hrsg.), Kinderarmut in Deutschland (S. 11-20). Frankfurt/Main: Campus Verlag.

- Geißler, R. (2002). Die Sozialstruktur Deutschlands. Wiesbaden: Westdeutscher Verlag.

- Grundmann, M. (2001). Milieuspezifische Einflüsse familialer Sozialisation auf die kognitive Entwicklung und den Bildungserfolg. In: Klocke, A. & Hurrelmann, K. (Hrsg.), Kinder und Jugendliche in Armut – Umfang, Auswirkungen und Konsequenzen. (S. 209-229). Wiesbaden: Westdeutscher Verlag.

- Hanesch, W. u.a. (1994). Armut in Deutschland. Reinbek bei Hamburg: Rowohlt Taschenbuch Verlag.

- Hauser, R. (1997). Wächst die Armut in Deutschland? In: Müller, S. & Otto, U. (Hrsg.), Armut im Sozialstaat (S. 29-47). Neuwied: Luchterhand Verlag.

- Hauser, R., Cremer-Schäfer, H., Nouverté, U. (1981). Armut, Niedrigeinkommen und Unterversorgung in der Bundesrepublik Deutschland. Frankfurt: Campus Verlag.

- Hauser, R., Hübinger, W. (1993). Armut unter uns Teil 1: Ergebnisse und Konsequenzen der Caritas-Armutsuntersuchung. Freiburg im Breisgau: Lambertus.

- Hock, B. & Holz, G. (1998). Arm dran?! Lebenslagen und Lebenschancen von Kindern und Jugendlichen. Erste Ergebnisse einer Studie im Auftrag des Bundesverbandes der Arbeiterwohlfahrt. Frankfurt am Main: ISS-Eigenverlag.

- Hock, B. & Holz, G. (2000). „Erfolg oder Scheitern? Arme und benachteiligte Jugendliche auf dem Weg ins Berufsleben". Fünfter Zwischenbericht zu einer Studie im Auftrag des Bundesverbandes der Arbeiterwohlfahrt. Frankfurt am Main: ISS-Eigenverlag.

- Hock, B., Holz, G., Simmedinger, R., Wüstendörfer, W. (2000). Gute Kindheit – Schlechte Kindheit? Armut und Zukunftschancen von Kindern und Jugendlichen in Deutschland. Abschlussbericht zur Studie im Auftrag des Bundesverbandes der Arbeiterwohlfahrt. Frankfurt am Main: ISS-Eigenverlag.

- Hock, B., Holz, G., Wüstendörfer, W. (2000). „Folgen familiärer Armut im frühen Kindesalter – Eine Annäherung anhand von Fallbeispielen". Dritter Zwischenbericht zu einer Studie im Auftrag des Bundesverbandes der Arbeiterwohlfahrt. Frankfurt am Main: ISS-Eigenverlag.

- Holch, C. (2004). „Wir müssen alle Sparen, Herr Pfeffer" In: Christmon – Das evangelische Magazin. (06/2004, S.33-34). Beilage in der ZEIT.

- Hölscher, P. (2003). „Immer musst Du hingehen und praktisch betteln" – Wie Kinder und Jugendliche Armut erleben. Frankfurt: Campus Verlag.

- Huster, E. (2003). Kinder zwischen Armut und Reichtum. In: Butterwegge, C. & Klundt, M. (Hrsg.), Kinderarmut und Generationengerechtigkeit (S. 43-55). Opladen: Leske + Budrich.

- Klocke, A. (1996). Aufwachsen in Armut. Auswirkungen und Bewältigungsformen der Armut im Kinder- und Jugendalter. Zeitschrift für Sozialisationsforschung und Erziehungssoziologie (S. 390-409). 4/96.

- Klocke, A. (2001). Die Bedeutung von Armut im Kindes- und Jugendalter – Ein europäischer Vergleich. In: Klocke, A. & Hurrelmann, K. (Hrsg.), Kinder und Jugendliche in Armut – Umfang, Auswirkungen und Konsequenzen. (S. 272-290). Wiesbaden: Westdeutscher Verlag.

- Klocke, A. & Hurrelmann, K. (2001). Kinder und Jugendliche in Armut – Umfang, Auswirkungen und Konsequenzen. Wiesbaden: Westdeutscher Verlag.

- Klocke, A. & Hurrelmann, K. (1996). Psychosoziales Wohlbefinden und Gesundheit der Jugendlichen nichtdeutscher Nationalität. In: Mansel, J., Klocke, A. (Hrsg.), Die Jugend von Heute (S. 193-208). Weinheim: Juventa Verlag.

- Köttgen, C. (2000). In der Seele verletzt - Kinder und Jugendliche im sozialen Abseits. In: Altgeld, T. & Hofrichter, P. (Hrsg.), Reiches Land – kranke Kinder? Gesundheitliche Folgen von Armut bei Kindern und Jugendlichen (S. 75-86). Frankfurt am Main: Mabuse-Verlag.

- Lauterbach, W. & Lange, A. (1998). Aufwachsen in materieller Armut und sorgenbelastetem Familienklima. In: Mansel, J. & Neubauer, G. (Hrsg.), Armut und soziale Ungleichheit bei Kindern (S. 106-128). Opladen: Leske + Budrich.

- Mansel, J. (2003). Lebenssituation und Wohlbefinden von Jugendlichen in Armut. In: Butterwegge, C. & Klundt, M. (Hrsg.), Kinderarmut und Generationengerechtigkeit (S. 115-136). Opladen: Leske + Budrich.

- Mutschler, R. (1995). Wohnungsnot und Armut. In: Bieback, K. & Milz, H. (Hrsg.), Neue Armut (S. 107-121). Frankfurt/Main: Campus Verlag.

- Napp - Peters, A. (1995). Armut von Alleinerziehenden. In: Bieback, K. & Milz, H. (Hrsg.), Neue Armut (S. 235-259). Frankfurt/Main: Campus Verlag.

- Neuberger, C. (1997). Auswirkungen elterlicher Arbeitslosigkeit und Armut auf Familien und Kinder. In: Otto, U. (Hrsg.), Aufwachsen in Armut (S:79-122). Opladen: Leske + Budrich.

- Piachaud, D. (1992). Wie mißt man Armut? In Leibfried, S. & Voges, W. (Hrsg.), Armut im modernen Wohlfahrtsstaat (S. 63-87). Opladen: Westdeutscher Verlag.

- Richter, A. (2000). Wie erleben und bewältigen Kinder Armut? Aachen: Shaker Verlag.

- Rössel, D. (1998). Armut und Schule. In: Iben, G. (Hrsg.) Kindheit und Armut (S. 76-100). Münster: Lit Verlag.

- Salz, G. (1991). Armut durch Reichtum. Freiburg im Breisgau: Lambertus-Verlag.

- Schlemmer, E. (1998). Risikolagen von Familien und ihre Auswirkungen auf Schulkinder. In: Mansel, J. & Neubauer, G. (Hrsg.), Armut und soziale Ungleichheit bei Kindern (S. 129-146). Opladen: Leske + Budrich.

- Schneider, U. (1997). Armut in einem reichen Land. In: Müller, S. & Otto, U. (Hrsg.), Armut im Sozialstaat (S. 9-28). Neuwied: Luchterhand Verlag.

- Schubert, H. (2000). Armut und gesundheitliche Lage in der Stadt- am Beispiel von Kindern in Hannover. In: Altgeld, T. & Hofrichter, P. (Hrsg.), Reiches Land – kranke Kinder? Gesundheitliche Folgen von Armut bei Kindern und Jugendlichen (S. 89-108). Frankfurt am Main: Mabuse-Verlag.

- Steiner, C. (2001). Bildungsabsichten und Erwerbserwartungen ostdeutscher Jugendlicher. In: Mansel, J., Schweins, W., Ulbrich-Herrmann, M. (Hrsg.), Zukunftsperspektiven Jugendlicher (S.89-104). Weinheim: Juventa Verlag.

- Trauernicht, G. (1995). Armut von Kindern und Jugendlichen und kommunale Jugendpolitik. In: Bieback, K. & Milz, H. (Hrsg.), Neue Armut (S. 220-234). Frankfurt/Main: Campus Verlag.

- Walper, S. (1988). Familiäre Konsequenzen ökonomischer Deprivation. München: Psychologie Verlags Union.

Walper, S. (1997). Wenn Kinder arm sind – Familienarmut und ihrer Betroffenen. In: Böhnisch, L. & Lenz, K. (Hrsg.), Familien Eine interdisziplinäre Einführung. Weinheim: Juventa Verlag.

- Walper, S. (2001a). Psychosoziale Folgen von Armut für die Entwicklung von Jugendlichen. In: Unsere Jugend. Die Zeitschrift für Studium und Praxis der Sozialpädagogik. 53. Jg. Heft 9/2001, S.380-389.

- Walper, S. (2001b). Ökonomische Knappheit im Erleben ost- und westdeutscher Kinder und Jugendlicher: Einflüsse der Familienstruktur und Auswirkungen auf die Befindlichkeit. In: Klocke, A. & Hurrelmann, K. (Hrsg.), Kinder und Jugendliche in Armut – Umfang, Auswirkungen und Konsequenzen. (S. 168-187). Wiesbaden: Westdeutscher Verlag.

- Zimmermann, G. (2001). Formen von Armut und Unterversorgung im Kindes- und Jugendalter. In: Hurrelmann, K. & Klocke, A. (Hrsg.), Kinder und Jugendliche in Armut – Umfang, Auswirkungen und Konsequenzen (S. 55-77). Wiesbaden: Westdeutscher Verlag.

9. Internet

1   Sozialhilfe in Deutschland - Statistisches Bundesamt 2003
     http://www.destatis.de/presse/deutsch/pk/2003/sozialhilf
     e_2003i.pdf (24.6.2004/12:30h)

2.   www.arbeitsagentur.de (23.6.2004/ 14:20h)

3.   Kinderarmut in Deutschland von Dietmar Henning
     www.wsws.org/de/2001
     (17.6.2004/16:20h)

4.   Lebenslagen in Deutschland. Der erste Armuts- und
     Reichtumsbericht der Bundesrepublik, 2001.
     http://www.bmgs.bund.de/de/sicherung/armutsbericht/A
     RBBericht01.pdf (16.6.2004/17:00h)

5.   Fachtagung. Jugendliche und junge Erwachsene mit För-
     derbedarf. Eingangsreferat von Prof. Dr. Horst Biermann
     11/99 http://www.learn-line.nrw.de (5.7.2004/13:40h)

10. Abbildungsverzeichnis

1. Karikatur: Kinder oder Wohlstand. In: Hock, B., Holz, G., Wüstendörfer, W. (2000). „Folgen familiärer Armut im frühen Kindesalter – Eine Annäherung anhand von Fallbeispielen". Dritter Zwischenbericht zu einer Studie im Auftrag des Bundesverbandes der Arbeiterwohlfahrt (S. 43). Frankfurt am Main: ISS-Eigenverlag

2. Sozialhilfequoten der Kinder 1998 und 2002 am Jahresende. In: Sozialhilfe in Deutschland - Statistisches Bundesamt 2003.
   http://www.destatis.de/presse/deutsch/pk/2003/sozialhilfe 2003i.pdf
   (24.6.2004/12:30h)

3. Karikatur. In Hock, B. & Holz, G. (2000). „Erfolg oder Scheitern? Arme und benachteiligte Jugendliche auf dem Weg ins Berufsleben". Fünfter Zwischenbericht zu einer Studie im Auftrag des Bundesverbandes der Arbeiterwohlfahrt (S. 15). Frankfurt am Main: ISS-Eigenverlag.

4. Relativer Schulbesuch 10- bis 12 jähriger in den einzelnen Schultypen differenziert nach dem Armutsniveau (1985-1995). In: Lauterbach, W. & Lange, A. (1998). Aufwachsen in materieller Armut und sorgenbelastetem Familienklima. In: Mansel, J. & Neubauer, G. (Hrsg.), Armut und soziale Ungleichheit bei Kindern (S. 106-128). Opladen: Leske + Budrich.

5. Unterstützung finanziell abgesicherter Kinder. In: Rössel, D. (1998). Armut und Schule. In: Iben, G. (Hrsg.) Kindheit und Armut (S. 88). Münster: Lit Verlag.

6. Unterstützung sozial benachteiligter Kinder. In Rössel, D. (1998). Armut und Schule. In: Iben, G. (Hrsg.) Kindheit und Armut (S. 89). Münster: Lit Verlag.

11. Tabellenverzeichnis

13. Anhang

Zeitungsartikel:

Berliner Morgenpost am Dienstag, den 30. März 2004:

Immer mehr Kinder arbeiten

Kinderschutzbund: Neun- bis 15-Jährige jobben, um Familieneinkommen aufzubessern - Armut erhöht den Druck

Von Florentine Anders

Kinderarbeit ist nicht nur ein Phänomen der Dritten Welt, auch in Berlin gehen nach Angaben des Kinderschutzbundes immer mehr Kinder einer regelmäßigen Arbeit nach, um das Familieneinkommen aufzubessern.

Auf einem internationalen Symposium in Berlin vom 12. bis 17. April zum Thema "Kinderarbeit aus der Sicht der Kinder" wird ein Forschungsteam vom gesellschaftswissenschaftlichen Institut der TU eine Berliner Studie vorstellen. Darin wurden 40 Kinder zwischen 9 und 15 Jahren zu ihrer regelmäßigen Arbeit befragt. Wissenschaftlich ist das Thema Kinderarbeit in Deutschland wenig erforscht. Die letzte Studie wurde in Berlin vor zehn Jahren von der Senatsverwaltung für Soziales erstellt. Damals gab die Hälfte aller befragten Jugendlichen im Alter zwischen 13 und 17 Jahren an, regelmäßig oder in den Ferien zu arbeiten.

"Der Druck wächst jedoch mit der zunehmenden Kinderarmut", sagt Sabine Walter, Geschäftsführerin des Kinderschutzbundes in Berlin. Während damals 13 Prozent der jobbenden Kinder einen Teil oder den gesamten Verdienst zu Hause abgeben mussten, nehme diese Tendenz vermutlich zu. Auch die illegale Beschäftigung von Minderjährigen sei auf dem Vormarsch. Bereits 1994 wurde bei einem Viertel der befragten Jugendlichen gegen geltendes Recht verstoßen. Die TU hat nun eine Altersgruppe untersucht, in der Kinderarbeit eigentlich grundsätzlich verboten ist. Ausgenommen sind bei unter 15-Jährigen lediglich geringe Hilfen im Familienhaushalt und das Verteilen von Prospekten. "Nach einer ersten Auswertung der ausführlichen Interviews mit regelmäßig arbeitenden Kindern sind fast alle stolz auf ihre Tätigkeit", sagt die Projektkoordinatorin Beatrice Hungernagel. Vor allem Kinder aus sozial schwachen Verhältnissen seien froh, einen Beitrag für die Familie leisten zu können. Häufig gehe der Verdienst in eine familiäre Mischkalkulation ein.

So würden die Kinder beispielsweise arbeiten, um ihren Beitrag zum Familienurlaub oder zu einem neuen Kleidungsstück leisten zu können. Alle Befragten hätten angegeben, freiwillig zu arbeiten. Die Studie sei jedoch nicht repräsentativ. Viele Eltern hätten ihre Zustimmung zu der Befragung verweigert. Der Kinderschutzbund befürchtet, dass angesichts des wirtschaftlichen Drucks kleinere Betriebe zunehmend Kinder und Jugendliche als billige Arbeitskräfte missbrauchen. "Hier ist Aufklärung vor allem bei den Eltern nötig", sagt Sabine Walther. Auch die Sprecherin der Senatsverwaltung für Soziales, Roswitha Steinbrenner, fordert eine öffentliche Debatte über das wachsende Problem Kinderarbeit. Wer von Kindern bedient werde, dürfe nicht weg sehen.

Am 19. April treffen sich arbeitende Kinder aus aller Welt zu einem Erfahrungsaustausch im FEZ in der Wuhlheide.

http://morgenpost.berlin1.de/archiv2004/040330/berlin/story6
69141.html

Die Ostseezeitung schreibt am 20.4.2004 folgendes:

Wenn ein Job zum Leben nicht reicht

In der Arbeitsmarkt-Debatte werden häufig niedrigere Löhne als probates Mittel gegen hohe Arbeitslosigkeit gefordert. Dabei verdienen heute schon 1,5 Millionen Deutsche weniger als fünf Euro die Stunde. Tendenz steigend.

Rostock (OZ) Er ist 55 Jahre und arbeitet für eine Wachgesellschaft im Raum Schwerin. Sein Stundenlohn: 5,88 Euro brutto. Oft quält ihn die Frage, wie er in den nächsten zwei Wochen über die Runden kommen soll. „Meist müssen die Männer vom Sicherheitsdienst noch mit ihren eigenen Autos die Objekte abfahren. Damit reduziert sich der Hungerlohn nochmal", sagt Reinhard Knisch, Chef des Deutschen Gewerkschaftsbundes, Region Mittleres Mecklenburg.

Was machen, wenn ein Job nicht zum Leben reicht? Zweitjobs haben Hochkonjunktur in Deutschland, das gilt besonders für Arbeitnehmer aus den unteren und mittleren Lohn- und Gehaltsgruppen. Schätzungen zufolge gehen mehr als ein Drittel aller Berufstätigen bundesweit neben ihrem Hauptberuf einem Nebenjob nach, bei dem sie nach der Arbeit oder am Wochenende ein paar Euro dazu verdienen. Working poor –die arbeitenden Armen – werden sie in den USA genannt. Mittlerweile hat dieser Begriff auch in den Sprachgebrauch deutscher Gewerkschafter Einzug gehalten.

„In Mecklenburg-Vorpommern ist das Phänomen der Doppeljobs noch relativ selten", weiß Gewerkschafter Knisch. Klar, denn bei einer Arbeitslosenquote von knapp 22 Prozent sind selbst die kleinsten Nebenverdienstmöglichkeiten Goldstaub. Dafür steigt die Zahl derjenigen, die trotz eines Vollzeitjobs regelmäßig und zeitweise auf ergänzende Sozialhilfe angewiesen sind. Rund 1000 Menschen im Bereich der Agentur für Arbeit Rostock sind davon betroffen. „Die Zahl zeigt, dass wir bereits ganz tief in den Niedriglohn-Sektor vorgedrungen sind", betont Knisch.

Einige Beispiele: Eine Verkäuferin hat einen Tariflohn von knapp fünf Euro die Stunde. Der Verdienst einer Friseuse liegt noch darunter. Auch im Reinigungs- und Hotel- und Gaststättengewerbe sind solch magere Stundenlöhne an der Tagesordnung. Rund 1, 5 Millionen Deutsche verdienen heute schon weniger als fünf Euro die Stunde. Unbezahlte Mehrarbeit, die Angestellte aus Angst um den Job ohne Murren leisten, und Arbeitgeber, die ganz selbstverständlich davon aufgehen, noch nicht berücksichtigt.

Der durchschnittlich gezahlte Bruttolohn für Vollzeitarbeit in Deutschland beträgt 2400 Euro, netto sind das etwa 1400 Euro. In Ostdeutschland sind die Löhne noch einmal bis zu 30 Prozent geringer. Immerhin zwölf Prozent der Vollzeitbeschäftigten in Deutschland verdienen weniger als 50 Prozent des durchschnittlichen Bruttolohns. „Jeder Vierte der Armen in Deutschland ist erwerbstätig. Wenn schon Arbeit Armut nicht verhindert, läuft etwas falsch", lautet das nüchterne Fazit des

Volkswissenschaftlers Wolfgang Strengmann-Kuhn, der sich in einer Studie mit der Thematik beschäftigt hat.

Die Hartz-Gesetze werden das Lohnniveau weiter drücken. Ab kommendem Jahr müssen Bezieher des Arbeitslosengeldes II jedes Stellenangebot annehmen. Da sind im Extremfall Jobs für zwei Euro Stundenlohn denkbar. Lockerungen im Kündigungsschutz geben Unternehmen die Möglichkeit, Mitarbeiter zu entlassen und durch billige Teilzeitkräfte zu ersetzen. Die werden sie finden. Arbeitssuchende gibt es schließlich genug.

„Unter diesen Umständen wird die Einkommensarmut weiter zunehmen", befürchtet Knisch. Gewerkschaftsvertreter kämpfen darum, die Zumutbarkeitsregelung noch zu kippen. Und sie kämpfen für einen gesetzlichen Mindestlohn, der die Existenz sichert. „In allen westeuropäischen Ländern gibt es einen per Gesetz festgeschriebenen Mindestlohn, außer in Deutschland. Aber wir sind ja auch das einzige Land, das keine Geschwindigkeitsbegrenzung auf Autobahnen hat", meint Knisch zynisch.

Rund 7,5 Millionen Mini-Jobs gibt es derzeit. Die Schröder-Regierung verkauft dies als Erfolg und unmittelbare Folge, der Anfang April 2003 in Kraft getretenen Neuregelung für abgabenfreie Mini-Jobs. Nur ging die Schaffung dieser Jobs vielfach zu Lasten sozialversicherungspflichtiger Arbeitsplätze. Die Dienstleistungsgewerkschaft ver.di veröffentlichte Untersuchungen, nach denen im vergangenen Jahr bundesweit allein im Einzelhandel 227 000 Arbeitsplätze abgebaut und durch 176 000 Mini-Jobs ersetzt wurden. Insgesamt gibt es im Einzelhandel 835 000 Mini-Jobs.

„Heute ist die Sozialhilfe zum Teil höher als der Einstiegslohn. Wo liegt da der Anreiz eine Arbeitsstelle anzunehmen", fragt Professor Roland Berger, Botschafter der Initiative Neue Soziale Marktwirtschaft, in vollem Ernst. Das muss in den Ohren der über 191 000 Arbeitslosen im Nordosten und der wachsenden Zahl der Billiglöhner im Land wie Hohn klingen.

http://www.ostsee-zeitung.de/ar/start_168070_1150029.html

Die Süddeutsche schreibt am 21.04.2004:

Kinderarmut steigt um fast 50 Prozent

Fachtagung warnt vor dramatischen Auswirkungen durch die Zusammenlegung von Sozial- und Arbeitslosenhilfe. Im nächsten Jahr wird die Zahl der Kinder und Jugendlichen, die in Armut aufwachsen, sprunghaft ansteigen. Der Sozialforscher und Verfasser der Münchner Armutsberichte, Rolf Romaus, rechnet mit einem Plus von 45 Prozent. Nach dem letzten Armutsbericht lebten etwa 11300 Kinder und Jugendliche in der Landeshauptstadt von Sozialhilfe. Vom 1. Januar an wären dann durch die Zusammenlegung von Arbeitslosen- und Sozialhilfe rund 16500 Kinder mit ihren Eltern auf das neue Arbeitslosengeld II (Alg II) angewiesen.

Gerade für Familien mit Kindern, aber auch für Alleinerziehende in München bedeutet dies, dass ihr Budget – wie die SZ bereits berichtet hat – nicht mehr das bisherige Sozialhilfeniveau erreicht. Nach einem Jahr Bezug von Arbeitslosengeld steht künftig der jähe Absturz in die Armut bevor.

Bei einer vom Kreisjugendring veranstalteten Fachtagung zu Armut und ihren Folgen bei Kindern und Jugendlichen lenkte Romaus den Blick auf diese Auswirkungen, die bislang fast nur in Fachkreisen wahrgenommen wurden: In der Bundesrepublik werde die Zahl der in Einkommensarmut lebenden Kinder von bisher etwa einer Million auf 1,5 Millionen steigen. Mit dem neuen Alg II (345 Euro zuzüglich Miete und Heizung in den alten Bundesländern) erhalte eine vierköpfige Münchner Familie dann knapp 82 Euro weniger im Monat als bisher mit Sozialhilfe. Die Belastung durch die Gesundheitsreform schmälere das Familienbudget pro Kopf um etwa 80 Euro pro Jahr. „Die gesellschaftliche Spaltung in reiche Kinderarme und arme Kinderreiche wird künftig noch mehr zutreffen", zog Romaus ein bitteres Fazit.

Zuvor hatten Gerhard Beisenherz vom Deutschen Jugendinstitut (DJI) und der Soziologe Wolfgang Ludwig-Mayerhofer von der Universität Siegen anschaulich beschrieben, was Armut für die Entwicklung der Kinder bedeuten kann. In einkommensarmen Familien streiten die Kinder häufiger mit der Mutter – sogar um Essen und Trinken, berichtete Beisenherz von einer noch laufenden Untersuchung zu den Lebensbedingungen von Kindern. „Ich nerve meine Mutter, bis ich Erfolg habe" – diese Strategie verfolgen Kinder der untersten Armutsgruppe am häufigsten. „Nachgeben ist nicht angesagt", erklärte Beisenherz, „konfrontatives Verhalten nimmt zu."

Mit steigendem sozialem Status träfen sich Kinder mit weniger, aber festeren Freunden, während Kinder mit niedrigerem Status eher den Kontakt zu größeren Gruppen suchen und Freundschaften häufiger abbrechen. Das informelle Lernen im Austausch mit Freunden aber, so Beisenherz, spiele neben dem formellen Lernen in der Schule für die Bildung eine wichtige Rolle.

Studien aus den USA zeigten, dass Armut bei Kindern im Vorschulalter noch 15 Jahre später an deren schulischen Leistungen und dem Schulerfolg spürbar sei, betonte Ludwig-Mayerhofer. Die Schulen dürften nicht nur als „Wissens-Trichter" verstanden werden, sondern müssten durch Investitionen – etwa in mehr Schulsozialpädagogik – als Förder- und Lebensraum gestaltet werden. „Arme Kinder sind viel stärker von infrastrukturellen Angeboten, Treffpunkten mit anregendem Charakter, abhängig", sagte Beisenherz und warnte die Politiker vor einer Vernachlässigung dieser Angebote.

Doch die interessierten sich nicht für die Tagung: Es war keiner gekommen. Dabei müssten bei ihnen, so fasste Moderator Klaus Honigschnabel die Gefühle vieler KJR-Mitarbeiter zusammen, „angesichts der Auswirkungen der Armut die Alarmglocken schrillen".

http://www.sueddeutsche.de/muenchen/artikel/563/30533/

Die taz vom 25.5.2004:

portrait

Die Niedriglöhner

Fußböden. Fußböden machen den großen Unterschied. "Sie ahnen gar nicht, wie unterschiedlich man auf Holz, auf Fliesen oder auf Stein steht", sagt Jürgen Schonemann, "aber nach acht Stunden spürt man das." Schonemann, 58 Jahre alt, ist Spezialist für langes Stehen. Und unauffälliges Beobachten.

Als Wachmann im Museum wird man gewissermaßen fürs Herumstehen bezahlt, und das ist gar nicht so einfach. "Ein Job nur für ruhige Leute mit einer gewissen Ausstrahlung", meint Schonemann. Und eine der am schlechtesten entlohnten Tätigkeiten überhaupt.

Die meisten Angestellten in dem privaten Wachschutzunternehmen, bei dem er beschäftigt ist, bekommen 5,50 Euro brutto die Stunde plus Zuschläge für Sonn- und Feiertagsarbeit. Schonemann erhält etwas mehr als 6 Euro, er ist zum Aufsichtsleiter in einem kleinen Museum aufgestiegen. Nach offizieller Lesart bringt er mit seinen 980 Euro netto einen Armutslohn nach Hause - weniger als die Hälfte des Durchschnittsverdienstes.

Doch Armut und Elend strahlt der grauhaarige Wachmann, der stets in Jackett, weißem Hemd, Krawatte und mit Funkgerät seinen Dienst versieht, nicht aus. "Ohne den Job hier würde ich doch nur zu Hause herumsitzen", sagt er.

Dass er seine Arbeit nicht als Billigjob abqualifiziert, ist eine Frage seiner Biografie - und seiner Alternativen. Schonemann ist studierter Finanzökonom. Er war einmal Fachdirektor in einem Industriebetrieb in der DDR. Nach der Wende war damit Schluss. Es folgten Arbeitslosengeld, Arbeitslosenhilfe. Schonemann entschloss sich, im Wachschutz anzufangen. "Ich wollte was mit Menschen machen."

Die ersten drei Wochen Stehen in einem großen Museum waren die Hölle, "jeden Abend

steckte ich meine Füße in ein Fußbad". Doch eine gleichaltrige Kollegin hielt durch. "Da war ich bei meinem Stolz gepackt, ich dachte, wenn die das schafft, schaffst du das auch."

Seine Ehefrau bezieht Arbeitslosenhilfe und geht demnächst in Rente, die Kinder sind aus dem Haus, die Miete ist günstig. "Keine Auslandsreisen, nicht rauchen, nicht trinken und nur ein kleines, altes Auto", so umreißt Schonemann seinen Lebensstandard, "so kommen wir hin." Bei jüngeren Kollegen sei das anders. Viele der Wachleute seien allein stehend, eine Familie könne man mit dem Verdienst nicht ernähren. Manche schieben abends noch eine zweite Schicht in einem anderen Museum.

Für Schonemann ist die Arbeit kein Abstieg, sondern eine letzte Chance. "Bis zur Rente möchte ich meinen Job noch behalten." Deswegen will er auch seinen richtigen Namen lieber nicht veröffentlicht sehen.

Doch auch bei niedrigem Lohn kommt es auf das Drumherum an. Schonemann zum Beispiel ist ein bisschen stolz auf seinen "menschlichen Führungsstil". Seine Wachleute können immerhin 20 Meter hin- und herlaufen, wenn kein Publikum da ist, dürfen sie sich auch mal auf einen Hocker setzen. Bei der gefeierten MoMA-Ausstellung hingegen, da verharrten die Wachmänner "acht Stunden auf einem Fleck. Das ist hart." "
BARBARA DRIBBUSCH

Wenn man hören will, wie es mit diesem Land bergab geht, dann muss man nur die Taxifahrer fragen. Deutschland geht den Bach runter, sagt Taxifahrer Matthias S. Wenn es den Menschen ans Geld geht, beginnen sie zu sparen. Beim Taxi fängt die Sparsamkeit an. Plötzlich steigen sie in den Bus, sie klettern aufs Fahrrad oder sie fangen an zu laufen. S. legt den schweren Ellenbogen auf den Stehtisch und lehnt sich vor.

Matthias S. ist 59 Jahre alt, früher hat er als Mechaniker bei Daimler Benz gearbeitet. Bis er sich wegen einer Dieselallergie die ganze Haut zerkratzt hat. Jetzt fährt er seit 22 Jahren im Taxi durch Berlin und kriegt mit, wie alles schlechter wird. Es gibt Tage, da sitzt S. elf Stunden hinterm Lenker und am Ende kommt er mit 20 Euro nach Hause. Nicht immer ist es so wenig. Aber mehr als 800 Euro netto im Monat sind nicht drin, sagt S. Und das bei einer 50-Stunden-Woche.

"Es wird immer schwieriger, auf sein Geld zu kommen", knurrt S., er hustet, nimmt einen Schluck aus der Tasse. Im Hinterzimmer des Taxibetriebes Schütz in Berlin-Wedding gibt es eine Kaffeemaschine und einen großen Aschenbecher aus Keramik. Rauchen und Kaffeetrinken hilft den Gang der Entwicklungen zu überstehen.

Ein Kollege kommt rein. Er ruft: "Hör auf zu jammern!" Die Berliner Taxifahrer sind selbst schuld, dass sie weniger verdienen, schimpft er. Sie stehen mit ihrem Taxi am Flughafen Tegel, meint er. Sie stehen und stehen. Sie lesen Zeitung und spielen Karten mit den andern Fahrern. "Aber so funktioniert das nicht mehr!", ruft der Kollege. "Man muss sich kümmern", er haut wieder ab.

Matthis S. nimmt noch einen Schluck. Er jammert nicht. Er steht nicht am Flughafen, er spielt auch nicht Karten. Er beobachtet nur, wie die Dinge sich ändern. Und der Mann vom Berliner Taxiverband sagt es doch auch: 3 Euro die Stunde seien beim Taxifahren in Berlin der Normalfall geworden.

S. erzählt: Die goldenen Zeiten kamen nach dem Mauerfall. Immer mehr Leute strömten in die Stadt, sie hatten Geld in den Brieftaschen und fuhren im Taxi durch die Stadt. Das ist jetzt

vorbei. Es scheint, als hätten die Menschen mit den gefüllten Brieftaschen ihr Interesse verloren. Keiner hat noch was übrig für Luxus. "Und selbst nach der Weihnachtsfeier zahlen die Chefs ihren Mitarbeitern nicht mehr das Taxi nach Hause", meint S., er schnaubt. Wenn er selbst nicht vor ein paar Jahren eine kleine Erbschaft gemacht hätte, wüsste er nicht, wie es überhaupt gehen sollte. Er redet weiter.

Weil sich die Wirtschaft im Land nicht erholt, gibt es immer mehr Taxifahrer. Matthias S. erlebt es ja jeden Tag. Die arbeitslosen Baggerfahrer kommen, die Pleite gegangenen Lkw-Fahrer, die Leute, die sonst nicht wissen, wohin. All diese Menschen setzen sich in ein Auto und machen ihm jetzt Konkurrenz.

"Dabei haben die meisten überhaupt keine Ahnung von Dienstleistung!", sagt S. Er schlägt die Arme übereinander und schimpft. Die wenigsten dieser Neueinsteiger hätten begriffen, dass sie jetzt nicht mehr Schweinehälften oder Steine durch die Gegend fahren, sondern Menschen, die man nett behandeln muss. Fahrgäste, die einen guten Service verdienen. Auch wenn sie betrunken sind. Auch wenn sie mit nassen, stinkenden Hunden kommen. "Dabei muss man doch heute froh sein für jeden, der kommt!", findet S. " KIRSTEN KÜPPERS

Sie liebte diese Düfte, fühlte sich verwöhnt und fand es gut, wie sich andere Gedanken über ihr Aussehen machten. Als Kind ist Claudia Ebert (Name geändert) wahnsinnig gern zum Friseur gegangen. Nach einer abgebrochenen Ausbildung zur Kindergärtnerin erfüllte sie sich mit 18 ihren Kindheitstraum und machte im Rahmen einer Erwachsenenqualifizierung eine Friseurlehre.

Vor fünf Jahren hat die 32-Jährige in einem damals gerade eröffneten Friseurladen in Berlin-Friedrichshain angefangen. An fünf Tagen die Woche schneidet sie zwischen zehn und dreizehn Kunden die Haare. "Vom Sozialhilfeempfänger bis zur Ärztin", eine Mischung, die ihr gefällt. Auch die vier Kolleginnen und Kollegen sind nett und etwa in ihrem Alter. Alles sehr schön, nur nicht der Verdienst.

1.021 Euro brutto bekommt sie dafür, 790 Euro netto bleiben übrig. Plus etwa 200 Euro Trinkgeld. Dafür steht sie von morgens halb zehn bis abends halb neun im Geschäft.

Claudia Ebert kommt über die Runden, weil sie sich auf das absolut Notwendige beschränkt. Miete, Essen, Kleidung, 75 Euro monatlich für eine private Rentenversicherung und, na ja, Zigaretten. "Für viel mehr reicht das Geld nicht", sagt die junge Frau mit den langen blonden Haaren. "Ich habe meine Ansprüche drastisch zurückgeschraubt."

Sie wohnt in einer "spartanisch eingerichteten" Wohnung in einem DDR-Plattenbau. Nicht gerade ihr Traumschloss, doch die Miete ist günstig. Auch beim Essen guckt sie aufs Geld. "Ich gehe jeden Tag zum Vietnamesen. Das ist billig, aber auf Dauer ungesund." Sie hat kein Handy, benutzt Energiesparlampen, stellt den Kühlschrank auf Stufe 1. "Da ist eh nicht viel drin." Seit Jahren trägt sie "die gleichen Klamotten" und als "zum Teil bekennender Schwarzfahrer" kann man seine Kosten ja auch ein bisschen senken.

Restaurantbesuche, Kino, Theater, Schwimmbad oder Yoga gegen die Rückenschmerzen nach einem langen Tag im Stehen sind Luxus. Nur ab und an gönnt sie sich "ein schönes exzessives Wochenende für 50 bis 80 Euro". Ihren sozialen Status beschreibt sie so: "Ich lebe an der Armutsgrenze, mit Fernsehen und Telefon."

Würde sie arbeitslos werden, bekäme sie in etwa den Sozialhilfesatz. Dabei ist Claudia Ebert

schon jetzt nur am Rechnen. "Das nervt und ist schon frustrierend", sagt sie. Doch sie klagt nicht. "Ich kann gut mit Geld umgehen." Sie ist froh, überhaupt Arbeit zu haben. Noch dazu eine, die ihr Spaß macht. "Das motiviert mich." Anderen Menschen gehe es nicht nur schlechter als ihr, sondern zum Teil richtig "beschissen". Zum Beispiel jenen, die keine Arbeit haben und stattdessen Alkohol- oder Drogenprobleme.

Claudia Ebert kann sich einschränken, weil sie alleine lebt. An Kinder will sie nicht mal denken. Manchmal wünscht sie sich, weniger vernünftig zu sein und auf Pump in den Urlaub zu fahren, wie es andere tun. Vor drei Jahren war sie eine Woche an der Ostsee, seitdem ist sie nicht mehr weggefahren. "Ich kann nicht mit Schulden leben", sagt sie. Sie brauche diese gewisse Sicherheit. Nur an einem, sagt sie und lacht, kann sie sparen, ohne dass es ihr wehtut. Am Geld für den Friseur.
" BARBARA BOLLWAHN

http://www.taz.de/pt/2004/05/25/a0210.nf/text.ges,1

Die TAZ vom 15.6.2004:

Drei Millionen Haushalte sind in den Miesen

Die Überschuldung in Deutschland steigt. Jetzt sollen vor allem Jugendliche den Umgang mit Geld lernen

BERLIN/HAMBURG epd/taz ■Mit Telefonaktionen, Schulbesuchen und Informationsveranstaltungen in mehreren Bundesländern machen die Schuldnerberatungsstellen in dieser Woche auf die Risiken der Verschuldung aufmerksam. Schon Kinder und Jugendliche müssten im sorgsamen Umgang mit Geld trainiert werden, um spätere Verschuldung zu vermeiden, so Bundesjugendministerin Renate Schmidt (SPD) und Verbraucherministerin Renate Künast (Grüne) gestern in Berlin. Die Arbeiterwohlfahrt forderte, den Umgang mit Geld stärker in den Lehrplänen der Schulen zu berücksichtigen. Mittlerweile ist in einigen Schuldnerberatungsstelle schon jeder dritte Hilfesuchende ein Jugendlicher. Durchschnittlich 4.000 bis 5.000 Euro Miese bringen Jugendliche mit in eine solche Beratungssitzung, aber selbst Verbindlichkeiten über 20.000 oder 40.000

Euro kommen vor. Vor allem teure Rechnungen des Versandhandels und deftige Handy-Gebühren bringen viele junge Leute finanziell in Bedrängnis.

Aber Jugendsünden tragen nur einen kleinen Teil zum Schuldenberg mit bei. Etwa jeder achte Bundesbürger lebt in Armut, hat das Deutsche Institut für Wirtschaftsforschung ermittelt. In der Tendenz nimmt Armut seit Anfang der Neunzigerjahre langsam, aber sicher zu. Rund drei Millionen Haushalte gelten als überschuldet, das ist eine Millionen mehr als noch vor zehn Jahren, so die Verbraucherzentrale Bundesverband (VZBV). Am stärksten betroffen sind Arbeitslose, Großfamilien, Alleinerziehende, Migranten und Geschiedene.

Trotz der in absoluten Zahlen hohen Armutsrate bewertet der Deutsche Gewerkschaftsbund immerhin positiv, dass es wegen der hohen Fluktuation bei den Betroffenen keine "verfestigte Armut" in Deutschland gibt. Zu einem ähnlichen Ergebnis kommt der erste "Armuts- und Reichtumsbericht" der rot-grünen Bundesregierung und das Deutsche Institut für Wirtschaftsforschung. Danach gelingt innerhalb eines Jahres etwa der Hälfte der Betroffenen der Aufstieg aus der Armutszone.

Diese Entwicklung würden die Schuldnerberater gerne stärken. Doch Schulden sind "ein Tabuthema in Deutschland", klagt Marius Stark von der Arbeitsgemeinschaft Schuldnerberatung der Verbände (AG SBV). Die Schuldenprofis stellen deshalb ihre Aktionswoche unter das Motto "Knete - Kohle - Kröten ... Wir reden über Geld - Redet mit!" HERMANNUS PFEIFFER

http://www.taz.de/pt/2004/06/15/a0130.nf/text.ges,1

Die TAZ vom 23.6.2004:

Eintritt für die Schule

Zu wenige Lehrer in Grundschulen, Behörde bestimmt neue Klassengrößen. SPD sieht in Vorschulgebühren ersten Schritt zum Schulgeld. Kritik auch vom Kinderschutzbund

Gleich zwei schlechte Nachrichten gab es gestern vor Ferienbeginn für Hamburgs Schulleiter. Die Grundschulen müssen mit einem Minus von zwei Prozent an Lehrerstunden rechnen, weil es zu wenig Lehrkräfte gibt. Dies erschwert zusätzlich zu den bereits bekannten Kürzungen bei Sprachförderung und Basisfrequenzen die Organisation des Stundenplans. Und für die Bildung der neuen Klassen gelten jetzt auch offiziell die neuen "Organisationsfrequenzen", die erheblich über den bisherigen Werten liegen. So sollen 1. Klassen künftig 27 Schüler haben, 5. Klassen an Gymnasien gar 29.

Wie die *taz* berichtete, hatte die Bildungsbehörde diese "Organisationsfrequenzen" an Parlament und Öffentlichkeit vorbei intern festgelegt. Sie wurden erst Anfang Juni durch eine Kleine Anfrage der SPD bekannt und von Bildungsbehördensprecher Alexander Luckow bestätigt. Dieser räumte gestern auch den Lehrermangel ein: "Wir haben leider einen hohen Krankenstand im Grund-, Haupt und Realschulbereich". Es sei aber beabsichtigt, dies zum Schulstart durch "Einzelzuweisungen und Honorarkräfte" auszugleichen.

Unterdessen gibt es heftige Kritik des Kinderschutzbundes an der Streichliste des Senats für den Haushalt 2005/2006. "Egal ob Streichung der kostenfreien Vorschulklassen, der Sprachförderung, der Kinderkuren, der Schülerfahrkarten oder des Schwimmunterrichts, jede dieser Maßnahmen an sich ist erheblich kinderunfreundlich", erklärte der Vorsitzende Wulf Rauer: "In ihrem Zusammenwirken sind sie skandalös." Rauer appellierte an die Bürgerschaftsabgeordneten, in einer "Koalition der Vernunft" dafür zu sorgen, dass diese Sparbeschlüsse keinen Bestand haben.

Unterdessen haben die SPD-Deputierten der Bildungsbehörde für morgen eine "dringliche Sondersitzung" beantragt, weil die Streichliste dort nicht, wie gesetzlich vorgeschrieben, beraten wurde. Besonders dramatisch seien die Gebühren für Vorschulklassen, kritisierte Gerhard Lein von der "Arbeitsgemeinschaft für Bildung" der SPD: "Hier wurde nicht bedacht, dass vom Schulbesuch zurückgestellte Kinder laut Schulgesetz in Vorschulklassen gehen müssen." Sollten hier von den Eltern Gebühren verlangt werden, sei dies "ein erster Schritt zur Einführung eines Schulgeldes".

"KAIJA KUTTER

http://www.taz.de/pt/2004/06/23/a0070.nf/text.ges,1

Die Berliner Morgenpost:

1,2 Milliarden Menschen haben weniger als einen Dollar pro Tag

Donnerstag, 24. Juni 2004

Berlin - Die Unesco geht im internationalen Vergleich von einem absoluten Armutsbegriff aus. Demnach gilt als arm, wer mit weniger als einem Dollar pro Tag auskommen muss. Von den etwa 1,2 Milliarden Menschen, die weltweit unter diese Kategorie fallen, sind mehr als 50 Prozent Kinder und Jugendliche. In den entwickelten Industrienationen wird die Grenze für Armut mit Hilfe des durchschnittlichen Einkommens ermittelt. Die Sozialwissenschaftler in der Europäischen Union arbeiten daher mit einem relativen Armutsbegriff. Wem weniger als 60 Prozent des nationalen durchschnittlichen Monatseinkommens zur Verfügung steht, gilt als arm.

Für die in Berlin angefertigte Studie des Deutschen Instituts für Wirtschaftsforschung (DIW) wurde aber nicht das arithmetische Mittel aller in Deutschland erfassten Einkommen zu Grunde gelegt, sondern der genannte Median. Dieser Wert setzt sich zusammen aus 50 Prozent aller niedrigen und 50 Prozent aller hohen Einkommen im Land. Demnach beträgt der Einkommensdurchschnitt nicht 1077 (arithmetisches Mittel), sondern nur 1042 Euro durchschnittliches Monatseinkommen. Des Weiteren unterscheiden die DIW-Experten, ob es sich um das Monatseinkommen oder das durchschnittliche Jahreseinkommen handelt. Auch auf dieser Rechengrundlage ergeben sich andere Armutsgrenzen. So beträgt die Armutsquote, die sich auf den Monatsdurchschnitt bezieht 13,1 Prozent, die auf den Jahresdurchschnitt 14,8 Prozent. Die Differenz erklären die Wissenschaftler mit Einmalzahlungen beim Monatseinkommen wie etwa Weihnachts- und Urlaubsgeld oder andere Einkünfte, die im Jahresmittel nicht auftauchen.

http://morgenpost.berlin1.de/archiv2004/040624/politik/story686408.html

Neues Deutschland. 26.6.2004:

Jugend-Armut nimmt deutlich zu. Im Alter ist das Risiko relativ gering Von Hermannus Pfeiffer

Jeder achte Bundesbürger gilt inzwischen als arm. Betroffen sind immer mehr Jugendliche.

Teure Rechnungen von Otto-Versand oder Amazon und deftige Handy-Gebühren bringen viele jungen Menschen finanziell in Bedrängnis. Aber auch für Auto und Versicherungen geben einige mehr Geld aus, als sie besitzen. Durchschnittlich 4000 bis 5000 Euro Miese bringen Jugendliche mit in eine Schuldnerberatung, aber selbst Verbindlichkeiten über 20000 oder 40000 Euro kommen vor. Mittlerweile ist in einigen Schuldnerberatungsstelle schon jeder dritte Hilfesuchende ein Jugendlicher.

Der wachsende private Schuldenberg hat Folgen. Etwa jeder achte Bundesbürger (13,1 Prozent) lebt in Armut, hat das Deutsche Institut für Wirtschaftsforschung ermittelt. Ostdeutsche sind seltener betroffen als Wessies. Was nur auf den ersten Blick überrascht, denn »arm« ist per Definition jemand, der weniger als 60 Prozent des durchschnittlichen Einkommens in seiner Region kassiert. In der Tendenz nimmt Armut seit Anfang der neunziger Jahre langsam, aber sicher zu. Am stärksten von Armut betroffen sind Arbeitslose, große Familien, allein Erziehende, Migranten und geschiedene Ex-Ehepaare.

Altersarmut ist »nicht das Problem«, heißt es beim Deutschen Gewerkschaftsbund (DGB). Tagtäglich werde allerdings der Grundstein für die kommenden Armutsgenerationen gelegt – 457800 Jugendliche unter 25 Jahren sind arbeitslos gemeldet, eine weitere halbe Million steckt in Maßnahmen der Bundesagentur für Arbeit. Trotzdem gebe es Grund zur Hoffnung. Der DGB wertet es als positiv, dass es wegen der hohen Fluktuation bei den Betroffenen keine »verfestigte Armut« gibt. Zu einem ähnlichen Ergebnis kam auch der erste »Armuts- und Reichtumsbericht« der Bundesregierung: Innerhalb nur eines Jahres verlässt etwa die Hälfte der Betroffenen die Armutszone wieder.

Etwas mehr Einkommen wird jedoch für drei Millionen überschuldete Haushalte nicht ausreichen. Damit stehen also mindestens sechs Millionen Menschen bei Banken und Handel tief in der Kreide, ohne echte Aussicht auf Besserung. Dies würden professionelle Schuldnerberater gerne ändern. Aber, so klagt die Arbeitsgemeinschaft Schuldnerberatung der Verbände, Armut und Schulden sind ein Tabu-Thema in Deutschland.

http://www.nd-online.de/artikel.asp?AID=55262&IDC=3

DIE ZEIT 08.07.2004:

ARMUT

Panik in der Mittelschicht

Am Wochenende berät die Bundesregierung in Neuhardenberg über die Reformen. Hartz IV kommt zwar den Sozialhilfeempfängern zugute, nicht aber den besser gestellten Arbeitslosen. Jetzt ist der Moment gekommen, eine durchdachte Politik für die Armen in Deutschland zu entwickeln

Von Elisabeth Niejahr

Anruf in der Pressestelle der SPD-Fraktion: Wer kümmert sich um Armutspolitik? Pause. Schweigen. Dann: »Ich muss mich erkundigen. Wir rufen gleich zurück.«

Mittagessen mit einem Sozialpolitik-Experten der grünen Bundestagsfraktion. Frage: Wann haben die Parlamentarier zum letzten Mal über Politik für die Unterschichten diskutiert? Er kann sich nicht erinnern. Immerhin: »Wir wollen das jetzt machen – wegen der Kürzungen für Arbeitslose durch die Arbeitsmarktreform.«

Das sind schon erstaunliche Befunde nach eineinhalb Jahren intensiver Diskussion über Kürzungen, Umverteilung und Gerechtigkeit. Doch Langzeitarbeitslose oder Sozialhilfeempfänger kamen, von einigen Debatten über Kinderarmut abgesehen, meistens nur als Drückeberger vor. Der Kanzler wetterte, es gebe »kein Recht auf Faulheit«, CSU-Chef Edmund Stoiber forderte harte Sanktionen für Arbeitslose, die Job-Angebote ablehnen – und beide trafen damit vermutlich eine verbreitete Stimmung im Land. Jedenfalls ermittelte das Institut für Demoskopie in Allensbach, dass zwei Drittel aller Westdeutschen glauben, »dass viele Arbeitslose gar nicht arbeiten wollen«.

Auch die Gewerkschaften zogen von Anfang an mit. Als zu Beginn der rot-grünen Regierungszeit das Motto vom »Fördern und Fordern« in aller Munde war, forderte der damalige IG-Metall-Chef Klaus Zwickel als einer der Ersten, man müsse unwilligen Jugendlichen die Unterstützung streichen, und polterte: »Der Staat hat kein Geld zu verschenken.«

Nun wird der Druck auf Arbeitslose mit der faktischen Abschaffung der Arbeitslosenhilfe (HartzIV) zum Jahreswechsel steigen – und viele Deutsche sind empört. Was das Regierungslager wiederum überrascht; angesichts der früheren Zustimmung zu Drückeberger-Parolen hatte man eher eine Mischung aus klammheimlichem Schulterklopfen und verhaltener Kritik erwartet.

Als Gerhard Schröder nach der Bundestagswahl 2002 versuchte, bei den Wohlhabenden zu kürzen, wurden ihm wirtschaftsfeindliche Reflexe unterstellt. Nun klagt ver.di-Chef Frank Bsirske, die Regierung stoße Mitbürger in die »Verarmung«, und der Deutsche Paritätische Wohlfahrtsverband rechnet vor, dass die Zahl der Armen in Deutschland durch das Hartz-Gesetz von 2,8 auf 4,5 Millionen steigen werde.

Wachstum für alle? Der Fahrstuhleffekt findet nicht statt

Da hilft es der Regierung nicht viel, dass gerade das Hartz-IV-Gesetz einem Teil der Betroffenen, den erwerbsfähigen Sozialhilfeempfängern, sogar kleine materielle Verbesserungen beschert. Es nützt ihr nicht, dass sämtliche Arbeitsmarktgesetze darauf zielen, Langzeitarbeitslosen Chancen zu verschaffen. Und es zahlt sich für sie gegenwärtig nicht aus, dass die Jobvermittlung durch das neue Gesetz irgendwann einmal effizienter werden könnte.

Denn die Realität ist zunächst ganz anders: Tausende werden ihre Mieten nicht bezahlen können, weil ihre Unterstützung sinkt. Rund 500000 Arbeitslose werden ihren Anspruch auf Geld vom Staat in Gänze verlieren, weil der Partner ein gutes Erwerbseinkommen oder Vermögen hat. Andere bekommen durch den Wegfall der Arbeitslosenhilfe mehrere hundert Euro pro Monat weniger. Und einige spüren schon jetzt, dass die Betreuung schlechter wird, weil sich die Sozialämter langsam aus der Vermittlung von Langzeitarbeitslosen zurückziehen, für die sie ab Januar in den allermeisten Fällen nicht mehr zuständig sind.

All das könnte einer neuen Politik für die Unterschichten Anlass geben. In der Kabinettsklausur in Neuhardenberg soll in dieser Woche darüber diskutiert werden, was »Fördern« jenseits staatlicher Jobvermittlung heißen kann. Vier Milliarden Euro zusätzliche Ausgaben für Kinderbetreuung werden als dringend nötig angesehen, aber eine neue Politik für Verlierer ist das nicht. Sie wird gesucht. SPD-Parteichef Franz Müntefering und auch die Grünen haben die Diskussion angestoßen. Hartz dient ihnen als Auslöser, doch der tiefere Grund liegt eher darin, dass neben anderen Wohlstandsillusionen in den vergangenen Jahren auch die Hoffnung geschwunden ist, Armut und Verwahrlosung würden sich in einer Wachstumsgesellschaft früher oder später von selbst erledigen. Dieser »Fahrstuhleffekt«, den der Soziologe Ulrich Beck beschrieb, wird bis auf weiteres nicht eintreten.

Nicht, dass es eine rot-grüne Armutspolitik nie gegeben hätte: Erstens hat die Regierung die Altersarmut weitgehend abgeschafft. Mit ihrer ersten Rentenreform hat sie die soziale Grundsicherung eingeführt, die armen Menschen im Rentenalter den Anspruch auf ein Einkommen in Höhe der Sozialhilfe gewährt. Das Sozialamt kann das Geld nicht von Kindern oder Eltern zurückverlangen, anders als bei Sozialhilfeempfängern. Die zweite Neuerung besteht darin, dass die rot-grüne Regierung regelmäßig einen nationalen Armutsbericht präsentiert. Beides hatten Kirchen, Wohlfahrtsverbände und Gewerkschaften viele Jahre lang gefordert. Beides hat hohen Symbolwert. Aber auch nicht viel mehr. Altersarmut zu bekämpfen ist vergleichsweise einfach in einem Land, in dem nur 1,4 Prozent der über 65-Jährigen zusätzlich zur Rente Sozialhilfe beziehen. Die Grundsicherung schützt gerade jene Altersgruppe, die von Armut ohnehin am wenigsten betroffen ist – Rentnern geht es in Deutschland verhältnismäßig gut. Und der Armutsbericht verbessert zunächst keine einzige konkrete Lebenssituation.

»Armut wurde erstmals regierungsamtlich anerkannt, Armutsbekämpfung wurde zur Schwerpunktaufgabe erklärt«, schreibt

Petra Buhr, Sozialexpertin der Universität Bremen in einer Analyse der rot-grünen Armutspolitik. Diese positive Bilanz sei aber »in mehrfacher Hinsicht zu relativieren«, ergänzt sie: »Bei den neuen Maßnahmen handelt es sich insgesamt gesehen um relativ kostengünstige Maßnahmen auf Nebenkriegsschauplätzen, Armutspolitik ›light‹ sozusagen.«

Umso bemerkenswerter, dass in den Sozialdebatten der vergangenen Monate von Armut fast nie die Rede war. Die einfachste Erklärung wäre, dass alle Beteiligten einer optischen Täuschung unterliegen: Sie verwechseln Sozialpolitik mit Sozial*versicherungs*politik. Schröders Agenda 2010 ging es vor allem um Reparaturen an den Sozialsystemen, von denen fast jeder irgendwie betroffen war. Mit Armut oder Verwahrlosung hat das nur insofern zu tun, als dass die Agenda auf bessere Beschäftigungschancen für alle zielt.

Eine zweite Erklärung lautet, dass Anwälte der Armen in den politischen Schaukämpfen kaum noch auszumachen sind. Wenn früher Arbeitgeber und Gewerkschaften kämpften und verhandelten, standen sie stellvertretend für die Interessen von Arbeit und Kapital. Wenn heute zu Massendemonstrationen gegen die Agenda 2010 aufgerufen wird, ist viel weniger klar, wer an wessen Seite steht: Die Rentnerin, die sich über ihre von der Regierung verordnete Nullrunde empört, marschiert neben der Verkäuferin, die von der Senkung der Lohnnebenkosten profitiert.

Das größte Problem besteht, drittens, darin, zu definieren, was Armut eigentlich ist. Wie arm ist beispielsweise ein Student, der mit 400 Euro im Monat auskommen muss, in einem Zehn-Quadratmeter-Zimmer lebt, auf einer Matratze schläft und außer zwei vollen Bücherregalen und einem Computer fast nichts besitzt? Ist er ärmer als der Sozialhilfeempfänger in der Nachbarwohnung, der über doppelt so viele Quadratmeter, eine Couch, einen Fernseher und einen Videorekorder verfügt?

Die offiziellen Armutsdefinitionen helfen nicht weiter. Arm ist nach gängiger Lesart, wer weniger als die Hälfte des durchschnittlichen Pro-Kopf-Einkommens verdient. Wie problematisch diese Art der Messung ist, zeigt ein beliebtes Rechenexempel: Angenommen, ein Milliardär wie Bill Gates würde in eine kleinere Gemeinde ziehen, so würde er damit auch das

Durchschnittseinkommen in die Höhe treiben – und die Zahl der Armen stiege nach dieser Definition sofort dramatisch an, obwohl es keinem der Geringverdiener materiell schlechter ginge. Genauso wenig sinnvoll ist es, Armut an der Zahl der Sozialhilfeempfänger zu messen. Dann würde derjenige die Armut effektiv bekämpfen, der den Anspruch auf Unterstützung zusammenstreicht.

Wie aber soll man Politik für die Armen machen, wenn sich so schwer definieren lässt, um wen es eigentlich geht? Niemand solle von zentralen Bereichen gesellschaftlichen Lebens ausgeschlossen werden, kein Schulkind beispielsweise auf den Klassenausflug verzichten müssen, sagen Sozialwissenschaftler und sprechen von »Teilhabe« oder »Exklusion«. Massentauglich ist das nicht. Gegen Armut lässt sich mobilisieren. Aber wer würde neben ver.dis wehenden Fahnen Transparente »Für Teilhabe – gegen Exklusion, und zwar sofort!« hochhalten?

Besuch in einer Beratungsstelle für arbeitslose Jugendliche im Berliner Problembezirk Neukölln. Hier liegt die Arbeitslosigkeit zwischen 35 und 40 Prozent, etwa 25 Prozent beziehen Sozialhilfe – der Bundesdurchschnitt liegt bei drei Prozent. Die meisten jungen Menschen haben keinen Schulabschluss, und um einige davon kümmert sich das Neuköllner Netzwerk Berufshilfe. Für viele der Jugendlichen stelle es schon eine unüberwindbare Hürde dar, in einem anderen Stadtteil zu arbeiten, erzählen die Sozialarbeiter: »So ist das, wenn man in der Familie Mobilität nicht lernt.« Sind die Teenager, die vor der Eingangstür auf der Treppe lungern, arm? Ein Ja geht dem Sozialarbeiter Michael Stelte nicht über die Lippen: »Ich würde eher sagen, dass ihr Einkommen unterhalb der offiziellen Armutsgrenze liegt.«

Ein Treffen im Café mit Regine Malzer*, einer arbeitslosen Mittfünfzigerin, die einen lilafarbenen Blazer und passenden Lippenstift trägt. Sie ist eloquent, selbstbewusst, gebildet und empört sich über die Folgen der Hartz-Reform. Sie soll einen Vollzeit-Job übernehmen, für den sie 1075 Euro im Monat erhält, umgerechnet etwas mehr als vier Euro Stundenlohn – und das für vergleichsweise stupide Recherchearbeiten. Andernfalls fällt die Unterstützung weg. Außerdem sorgt sie sich, ihre kleine Altbauwohnung nicht mehr finanzieren zu können, wenn das Haus saniert und gleichzeitig durch Hartz IV ihr Einkommen spürbar geringer ausfallen wird. Verständliche Sorgen. Aber ist Regine Malzer arm?

Sie ist jedenfalls typisch für die Debatte über die Hartz-IV-Reform, die vor allem zwei Gruppen in voller Härte trifft: erstens Langzeitarbeitslose mit einkommensstärkeren Partnern. Zweitens, und zu dieser Gruppe gehört Regine Malzer, sind es arbeitslose Akademiker, die bisher Anspruch auf Arbeitslosenhilfe hatten. Während die Arbeitslosenhilfe vom früheren Einkommen abhing, gilt beim Arbeitslosengeld II ein einheitlicher, niedriger Satz für alle. Übergangsregeln verschaffen zwei Jahre lang Luft. Für die bisherigen Sozialhilfeempfänger verbessern sich die Leistungen teilweise sogar. Aber sie nehmen an der gesellschaftlichen Debatte nicht teil.

Nicht jeder, der sich subjektiv unsicher fühlt, ist objektiv bedroht

Über die Hartz-IV-Reformen wird momentan vor allem deshalb so laut und intensiv gestritten, weil das Gesetz Abstiegsängste von Mittelschichten provoziert. Besonders deutlich zeigt das die Empörung darüber, dass Arbeitslose teilweise Lebensversicherungen auflösen müssen, bevor sie staatliche Unterstützung erhalten. Gegen diese Regelung lässt sich vieles einwenden, vor allem passt sie nicht zu den Regierungsappellen für mehr private Altersvorsorge. Um Not und Elend geht es dabei jedoch nicht. Man muss sich eine Lebensversicherung überhaupt erst einmal leisten können, um ihren Verlust durch Hartz IV zu fürchten. Andere, die ärger dran sind, wissen nicht einmal, wie man »Lebensversicherung« schreibt.

Die Kriminologie kennt die Unterscheidung zwischen »objektiver« und »subjektiver« Sicherheitslage: Nicht jeder, der sich subjektiv unsicher fühlt, ist objektiv bedroht. Man hört das Argument in Debatten über Ausländerfeindlichkeit: Die Ängste vor Fremden sind dort groß, wo es wenig Ausländer gibt. Übertragen auf die Sozialpolitik, könnte das bedeuten: Dass sich eine Gruppe besonders vernehmlich gegen Kürzungen wehrt, heißt noch nicht, dass sie besonders viel Solidarität verdient. Und Politik für Unterschichten setzt zunächst voraus, genau darauf zu achten, wer von welchen Leistungen wie stark profitiert.

Für dieses Thema haben die Unionspolitiker Kurt Biedenkopf und Heiner Geißler in den achtziger Jahren den Begriff der „neuen sozialen Frage" geprägt: Nicht die gut organisierten Gewerkschaftsmitglieder seien die wahrhaft Bedürftigen im deutschen System, sondern Gruppen, die sich kaum artikulieren. Familien beispielsweise.

Auch die Grünen haben sich in der Sozialpolitik ihrer Anfangsjahre vorrangig für Gruppen jenseits der organisierten Facharbeiterschaft stark gemacht. Sie traten, ähnlich wie Biedenkopf, beispielsweise für steuerfinanzierte Sozialsysteme ein, weil sich in ihnen die soziale Absicherung weniger auf den vollzeitbeschäftigten Angestellten oder Facharbeiter konzentriert. Die Grünen wollten Anwälte der Job-Hopper, Teilzeitkräfte oder auch Scheinselbstständigen sein – Menschen mit ähnlich ungeordneten Arbeitsbiografien wie der des Ex-Taxifahrers, Ex-Buchhändlers und Ex-Fließbandarbeiters Joschka Fischer. Lange Zeit unterschied sie das von der SPD.

Zuletzt blitzte dieser kulturelle Unterschied zu Beginn der rotgrünen Regierungszeit auf, beim Streit um das Gesetz für 630-Mark-Beschäftigte. Damals klagte der Abgeordnete Christian Ströbele, einer der letzten Linken aus grünen Gründerzeiten, ganz Kreuzberg lebe von den Minijobs, »und zwar auf der Arbeitgeber- und der Arbeitnehmerseite«.

Der Sozialstaat verteilt das Geld von unten in die Mitte

Seitdem hat die rot-grüne Regierung, wie ihre Vorgänger, Politik für die Mittelschichten gemacht – und dies gelegentlich mit dem Zitat des US-Präsidenten Bill Clinton verklärt, es gehe um *»people who work hard and play by the rules«*.

Tatsächlich hat die Regierungspolitik im Namen des sozialen Ausgleichs vor allem klassische Wählerschichten gut bedient – oft zulasten derer, die auf Hilfe dringend angewiesen wären.

Drei Beispiele:

> Absurd sind die Förderkriterien der Riester-Rente: *Anspruch auf die staatliche Förderung hat nur jemand, der einen sozialversicherten Arbeitsplatz hat. Die jobbende Langzeitstudentin oder der mühsam um jeden Auftrag kämpfende Selbstständige gehen leer aus – also ausgerechnet diejenigen, die eine er-*

gänzende Altersversorgung besonders dringend brauchen, weil es für eine gute gesetzliche Rente vermutlich nicht reicht. Beide finanzieren über ihre Steuern die Förderung allerdings kräftig mit.

> Kaum besser ist die Verteilungswirkung sämtlicher Präventionsmaßnahmen in der Gesundheitspolitik. Gerade die schwerwiegenden Massenkrankheiten wie Diabetes oder Herzinfarkt treten bei Menschen mit schwierigem sozialen Umfeld besonders häufig auf. Wer wohlhabend ist, lebt länger – Männer aus dem unteren Viertel der Einkommenspyramide sterben im Schnitt zehn Jahre früher als diejenigen aus dem oberen Viertel. Die Programme zum Beispiel, die bessere Ernährung lehren, sind vor allem auf informierte Mittelschichten zugeschnitten – sie werden aber von allen Beitragszahlern finanziert.

> Auch der soziale Wohnungsbau erreichte viele Jahre das Gegenteil von dem, was er verhieß: Zeitweise wurden fast 40 Prozent der Bevölkerung ein Recht auf Bezug einer vom Staat finanzierten Sozialwohnung eingeräumt. In der Praxis führte das dazu, dass gerade die sozial Randständigen nicht zum Zuge kamen: Die Verwalter verhielten sich wie alle Wohnungsverwalter und bevorzugten Mieter mit ordentlichen Einkommen, von denen es ja unter 40 Prozent Berechtigten genug gab.

Die Liste ließe sich fortsetzen – vom kostenlosen Studienplatz für Mittelschichtkinder bis zur Eigenheimzulage gibt es zahlreiche Maßnahmen, die mit sozialen Motiven begründet werden, aber nicht den sozial Schwachen dienen. Es gibt also einen massiven Verteilungskonflikt zwischen Mittel- und Unterschichten – allerdings keine bekannte Person, keine Partei, die dies artikuliert. Einzig der Paritätische Wohlfahrtsverband eröffnete vor einiger Zeit diese Diskussion und forderte, Behinderte oder Alleinerziehende nicht durch Steuerrabatte zu unterstützen. Davon profitierten diejenigen, die es nicht nötig hätten. Keine Partei griff das auf.

»Gerhard Schröder hat vor seiner Kanzlerschaft eine Politik für die neue Mitte angekündigt – und er hat genau das gemacht«, sagt Ulrich Schneider, Hauptgeschäftsführer des Verbandes. Im Ausland haben die Liberalen die Debatte über die nötige Konzentration von Sozialleistungen auf Bedürftige geführt –

etwa in der Schweiz, wo gerade eine Regierungsstudie untersuchte, wer für die soziale Sicherung zahlt und wer davon profitiert. Das Ergebnis: Das Geld fließt von Arm zu Reich.

In Deutschland findet Schneider bei keiner Partei Verbündete – oft sperrt sich gerade die Opposition gegen die Kürzungen von Subventionen für die Mittelschicht, Eigenheimzulage und Pendlerpauschale. Außer der Öffnung des Arbeitsmarktes für Jobs zu Niedriglöhnen fällt Union und FDP momentan zum Thema nicht viel ein. Armut, Unterschichten, Exklusion – dazu hat man auch von der Opposition schon lange nichts gehört.

*Name von der Redaktion geändert

http://www.zeit.de/2004/29/Unterschicht

Morgenpost Berlin vom 22. 7.2004:

Hartz IV überfordert die Ämter

Zu wenig Personal für Bearbeitung der Anträge - Wohlfahrtsverband warnt: Kinderarmut wird rapide steigen

Hartz IV rollt an: Gestern hatten die ersten Berliner die Anträge für das neue Arbeitslosengeld 2 (ALG 2) in ihren Briefkästen. In der Hauptstadt werden 400 000 Menschen von der Zusammenlegung von Arbeitslosenhilfe und Sozialhilfe zum 1. Januar 2005 betroffen sein. Sie alle sollen in den kommenden Wochen die 16-Seiten-Anträge ausfüllen, in denen detailliert nach Einkommens-, Wohn- und Lebensverhältnissen gefragt wird.

Was ist mit meiner Wohnung? Darf ich mein Auto behalten? Wie viel Geld bekomme ich künftig? Wie bin ich krankenversichert? Und bilde ich mit meinem Mitbewohner eine Bedarfsgemeinschaft? Die Unsicherheit unter den Betroffenen ist groß. Bei der Telefonaktion der Berliner Morgenpost klingelten die Apparate gestern Abend ohne Unterlass. Den Bericht dazu lesen Sie in der morgigen Ausgabe.

Ulrich Schneider, Hauptgeschäftsführer des Paritätischen Wohlfahrtsverbandes, weiß schon jetzt, dass Hartz IV schwer wiegende soziale Folgen haben wird: "Wir gehen davon aus, dass die Kinderarmut in Deutschland von sechs auf 9,8 Prozent steigen wird. Das bedeutet, dass bald jedes zehnte Kind von

Sozialhilfe lebt." Die Sozialreform werde außerdem allein Erziehende und ältere Menschen treffen: "Wenn diese Leute ihre zu groß gewordenen Wohnungen verlassen müssen, verlieren sie auch ihr intaktes Umfeld, auf das sie dringend angewiesen sind."

Auch der Sprecher des Deutschen Gewerkschaftsbundes (DGB) Berlin, Dieter Pienkny, rechnet mit schlimmen Folgen. Auf eine offene Stelle gebe es in Berlin-Brandenburg zurzeit 30 Bewerber. Pienkny: "Die Rutschbahn nach unten ist programmiert." Arbeitslose würden sich schon jetzt von ihren Lebensversicherungen trennen und neue Wohnungen suchen. Zuletzt habe er von einem arbeitslosen Pädagogen gehört, der von der Agentur für Arbeit für vier Monate als Gärtnergehilfe vermittelt worden sei.

Arbeitslosenhilfe-Empfänger müssen mit den höchsten Einbußen rechnen, schätzungsweise 50 000 Berliner werden ab Januar überhaupt kein Geld mehr erhalten, weil ihr Lebenspartner ausreichend verdient. Wirtschaftssenator Harald Wolf (PDS) geht davon aus, dass die Kaufkraft in Berlin sich durch Hartz IV um 300 Millionen Euro reduzieren wird. Probleme gibt es auch in den Bezirken: "Die Sozialämter sind personell völlig überfordert", sagte gestern die Vize-Vorsitzende des Hauptpersonalrates, Monika Schmidt. Statt der angekündigten 150 zusätzlichen Sachbearbeiter würden allein in Berlin mindestens 300 zusätzliche Kräfte benötigt.

http://www.jungewelt.de/2004/07-30/011.php

Die Welt vom 28.7.2004

Allein Erziehenden droht der Absturz

Jeder achte Deutsche lebt nach einer Studie des Deutschen Instituts für Wirtschaftsforschung inzwischen in Armut

Von Frank Diering

Berlin - Jeder achte Bundesbürger lebt laut einer Studie des Deutschen Instituts für Wirtschaftsforschung (DIW) in Armut. Das geht aus einer bislang unveröffentlichten Studie der Berliner Forscher hervor, die der WELT vorliegt. "Insbesondere die Zahl der allein Erziehenden, die von Armut betroffen sind, ist alarmierend hoch", erläutert Peter Krause vom DIW-Expertenteam. Laut DIW-Studie gilt als arm, wer weniger als 60 Prozent des durchschnittlichen Einkommens der Gesamtbevölkerung bezieht. Der Einkommensdurchschnitt (Median), auf dem die Analyse basiert, beträgt monatlich 1042 Euro für das Erhebungsjahr 2002. Auf Grundlage dieses Einkommens liegt die Armutsquote bei 13,1 Prozent. Von Armut betroffen sind außer den allein Erziehenden (40,7 Prozent) vor allem Migranten (27,4 Prozent) in Großstädten mit hohem Ausländeranteil, Arbeitslose (37,9 Prozent) sowie Großfamilien mit zwei und mehr Kindern (58,5 Prozent).

Indes erweist sich die im Zuge der Renten- und Gesundheitsreform häufig kolportierte "Altersarmut" statistisch betrachtet als Mär. Krause: "Mit zunehmendem Alter sinkt die Betroffenheit von Armut. Am höchsten ist die Armutsquote in der Altersgruppe von elf bis 20 Jahren." Personen, die 50 Jahre und älter sind, seien weniger von Armut betroffen. Die Armutsquote von Kindern, Jugendlichen und jungen Erwachsenen übersteigt die der Älteren um ein Vielfaches; dieser Befund gilt auch für die so genannte Armutslücke. Dieser Wert weist den mittleren Prozentsatz des Einkommens aus, das benötigt wird, um die Armutsschwelle zu überwinden. Die Armutslücke ist in der DIW-Studie mit drei Prozent ausgewiesen.

In der Altersgruppe der heute 51- bis 60-Jährigen dokumentiert Krause eine Armutsquote von 8,9 Prozent, in der Altersgruppe der 61- bis 70-Jährigen eine von 10,1 Prozent. "Wirklich gefährdet", so Krause, "sind aber junge Menschen zwischen elf und 20 Jahren. Dort erreicht die Quote 22,9 Prozent".

Armut in Deutschland ist überall anzutreffen. So haben Ausländer eine hohe Armutsquote (27,4 Prozent); dies betrifft insbesondere die alten Bundesländer. Krause weiter: "In den neuen Ländern ist der ausländische Bevölkerungsanteil sehr gering, deshalb ist dort die Quote geringer." Des Weiteren tragen Arbeitslose (37,9 Prozent) ebenfalls ein weit überproportionales Armutsrisiko. Hier wiederum tauchen weitaus höhere Werte in den neuen Ländern auf, da dort der Bevölkerungsanteil an Arbeitslosen statistisch betrachtet größer ist als in den alten Ländern. In den neuen Ländern sind zudem auch Selbstständige und deren Mithelfende (13,9 Prozent) verhältnismäßig oft durch Armut betroffen.

Überproportional hohe Armutsquoten finden sich auch bei getrennt Lebenden (26 Prozent), bei Personen ohne abgeschlossene Schulbildung (22,8 Prozent) - in den neuen Ländern auch Menschen ohne abgeschlossene Berufsausbildung - sowie bei Personen, die sich in schulischer oder beruflicher Ausbildung befinden (18,6 Prozent). Sieht man von den Auszubildenden und Volontären (24,5 Prozent) ab, so gibt es innerhalb der beruflichen Statusgruppen die höchsten Armutsquoten erwartungsgemäß unter den un- und angelernten Arbeitern (17,3 Prozent). Facharbeiter (6,1 Prozent) und auch einfache Angestellte (11,9 Prozent) sind eher unterdurchschnittlich betroffen; die niedrigsten Armutsquoten finden sich bei qualifizierten und leitenden Angestellten (0,7 Prozent) sowie Beamten (3,5 Prozent).

Krause: "Nun sagt das Betrachten von Mittelwerten allein aber noch nichts darüber aus, wie gleich oder ungleich die Einkommen bei den Bürgern verteilt sind." Als allgemeiner Indikator, in welchen Relationen sich die Einkommen aufsplitten, zeigt das so genannte Quintil. Demnach verfügen die ärmsten 20 Prozent der Bevölkerung nur über knapp zehn Prozent des monatlichen Gesamteinkommens. Im Jahr 2002 ging der Einkommensanteil des ärmsten Quintils auf 9,3 Prozent zurück. Die reichsten 20 Prozent haben demgegenüber etwa 36 Prozent des monatlichen Gesamteinkommens zur Verfügung - im Jahr 2002 waren es 36,4 Prozent. Die Ungleichheit der verfügbaren Einkommen im Haushalt hat sich seit 2000 wieder erhöht.

Indes liegt Deutschland im europäischen Vergleich mit einer Armutsquote von 13 Prozent im Mittelfeld. Spitzenreiter sind Länder wie Griechenland und Portugal (mit je 21 Prozent). Die Schweden warten lediglich mit einer Armutsquote von neun Prozent auf.

http://www.welt.de/data/2004/06/24/295703.html

Junge Welt 30.7.2004:

Winterschuhe? Zu teuer!

Paritätischer Wohlfahrtsverband: Mit »Hartz IV« steigt die Kinderarmut. Grundsicherung gefordert

Wenn ab dem 1. 1. 2005 die »Hartz-IV«-Gesetze in Kraft treten, wird auch die Kinderarmut in Deutschland in die Höhe schnellen. Nach Erkenntnissen des Deutschen Paritätischen Wohlfahrtsverbandes leben bereits heute in Deutschland 1,5 Millionen Kinder an der Armutsgrenze. Mit »Hartz IV«, so schätzt der Verband, werden weitere 500000 Kinder hinzukommen. Alleinerziehende Mütter und Väter mit Kindern, die unterhaltsberechtigt sind, wird die Arbeitsmarktreform besonders hart treffen.

Schuld daran ist das sogenannte Arbeitslosengeld II. Unterhaltspflichtige Väter oder Mütter, die heute noch Arbeitslosenhilfe beziehen, bekommen ab dem 1. Januar nur noch 345 Euro im Westen und 331 Euro im Osten monatlich. Zu wenig, um den Unterhaltsverpflichtungen für ihre minderjährigen Kinder nachkommen zu können. Für eine nicht erwerbstätige Person gilt ein Freibetrag von 730 Euro, den sie für sich behalten darf. Mit dem Arbeitslosengeld II wird dieser Betrag aber nicht erreicht. Den fälligen Unterhalt zahlt deshalb der Staat. Das Geld wird aus der sogenannten »Unterhaltsvorschußkasse« der kommunalen Jugendämter genommen und an die Unterhaltsberechtigten weitergeleitet. Die Höhe dieser Zahlungen orientiert sich an der Summe, die unterhaltsberechtigte Kinder auch vorher bekommen haben. Allerdings zahlen die Jugendämter nur maximal bis zum 12. Lebensjahr eines Kindes, anschließend können Bedürftige nur noch beim Sozialamt Sozialgeld für das Kind beantragen.

Um besondere Härtefälle zu vermeiden, gibt es einen sogenannten »Kinderzuschlag« von bis zu 140 Euro monatlich pro Kind für gering verdienende Eltern, die zwar mit ihrem Einkommen ihren eigenen Bedarf abdecken, jedoch ohne diesen Zuschlag wegen des Bedarfs der Kinder Anspruch auf ALG II hätten. Dieser Zuschlag ist allerdings auf drei Jahre begrenzt.

Als besonders infam empfindet der Präsident des Kinderschutzbundes, Heinz Hilgers, den Umstand, daß es beim Arbeitslosengeld II keine einmaligen Beihilfen mehr gibt, wie das noch bei der Sozialhilfe der Fall war. »So manche alleinerziehende Mutter wird nicht einmal mehr richtige Winterschuhe für ihr Kind kaufen können.« Hilgers fordert wie der Paritätische Wohlfahrtsverband vom Gesetzgeber eine eigene Grundsicherung für Kinder.

http://www.jungewelt.de/2004/07-30/011.php

Dresdener neuste Nachrichten 8. August 2004:

Experten warnen vor wachsender Kinderarmut

Dresden. Immer mehr Kinder wachsen in Sachsen in Armut auf. "Von 2005 an wird eine weitere halbe Million Kinder bundesweit von Sozialhilfe leben müssen", sagte der Chef des Kinderschutzbundes Sachsen, Heinz Zschache. Nach Angaben des Sozialministeriums sind im Freistaat rund 45.000 Kinder und Jugendliche bis 15 Jahre auf Sozialhilfe angewiesen. Das ist fast ein Drittel aller 133F256 Sozialhilfeempfänger in Sachsen. Von Armut will das Ministerium dennoch nicht sprechen.

Mit der Fusion von Arbeitslosengeld und Sozialhilfe verschärft sich diese Situation weiter, glaubt aber der Kinderschutzbund. Die Mitarbeiter könnten sich zwar mit Projekten darauf einstellen, aber die Entwicklung nicht aufhalten. Bundesweit sind bereits rund drei Millionen aller 14,9 Millionen Kinder arm, etwa eine Million ist auf Sozialhilfe angewiesen. Oft würden die Kleinen hungrig aus dem Haus geschickt. "Deshalb richten wir mit Spendengeldern einen kostenlosen Mittagstisch ein", nannte Zschache eine Maßnahme.

Über "Sorgentelefone" erfahren die Mitarbeiter von den Kindern, was Eltern gern verschweigen: "Bei Klassenfahrten werden die Schüler krank gemeldet. Oft ist aber der leere Geldbeutel der Grund für das Wegbleiben", sagte Zschache. Dennoch würden sich Sozialhilfe-Empfänger rührend um den Nachwuchs kümmern: "Das Geld, was sie haben, geben sie ihren Kindern." Nach außen wird der Schein gewahrt. Dass sozial schwache Familien ihr Geld verprassen, sei eine böswillige Unterstellung.

Nach Angaben des Sozialministeriums beträgt der Sozialhilfe-Regelsatz für Kinder bis zu sieben Jahren derzeit 141 Euro (allein Erziehende: 155 Euro) im Monat. Bei den Acht- bis 14-Jährigen zahlen die Sozialämter 183 Euro, bei den 15- bis 18-Jährigen 254 Euro. Des weiteren können Beiträge zur Krankenversicherung, Unterkunftskosten oder Heizzuschläge beantragt werden. Die meisten Sozialhilfeempfänger lebten 2002 in Leipzig, gefolgt von Dresden, Chemnitz und Zwickau.

Regina Mannel vom Paritätischen Wohlfahrtsverband Sachsen rechnet damit, dass die Armut nach außen eher versteckt bleibt. Die Geschäftsführerin bestätigte damit Aussagen des Kinderschutzbundes: "Die Eltern versuchen für ihre Kinder den Status quo aufrecht zu erhalten." Das Freizeitverhalten ändere sich in ärmeren Familien aber dramatisch: "Kinobesuche werden unermesslich teuer und für den Eintritt in einen Freizeitpark muss die Familie regelrecht sparen."

http://www.dnn-online.de/dnn-heute/47415.html

Sonntag, 08. August 2004

Morgenpost Berlin

22200 Kinder brauchen Sozialhilfe

Zahl der jungen Bedürftigen dramatisch gestiegen - Schutzbund befürchtet weitere Verschärfung durch Hartz IV

Potsdam - Die Zahl der von Sozialhilfe abhängigen Kinder und Jugendlichen in Brandenburg ist dramatisch gestiegen. Ende 2002 - aktuellere Zahlen liegen nicht vor - seien 22 200 junge Menschen bis 15 Jahre auf diese staatliche Unterstützung angewiesen gewesen, sagte Sozialminister Günter Baaske (SPD). 1994 waren es noch knapp 15 400.

"Dass immer mehr Kinder von Sozialhilfe leben müssen, ist ein sehr ernstes Problem", so Baaske. Das wichtigste Instrument zur Bekämpfung der Kinderarmut sei die Schaffung von Arbeitsplätzen für die Eltern. "Das Armutsrisiko der Kinder steigt mit der Erwerbslosigkeit der Eltern, aber auch, wenn diese ein geringes Bildungsniveau haben." Besonders häufig auf Sozialhilfe angewiesen sind in Brandenburg allein erziehende Mütter und ihre Kinder sowie kinderreiche Familien.

Laut Baaske ist in den vergangenen Jahren der relative Anteil von Kindern unter sieben Jahren an der Gesamtzahl der Sozialhilfeempfänger überdurchschnittlich gewachsen. Ihre Quote liege vier Mal so hoch wie die der Gesamtbevölkerung. Auch seien Kinder immer länger auf die Unterstützung angewiesen. Während Drei- bis Siebenjährige 1994 im Schnitt 11,4 Monate lang Sozialhilfe bezogen, verlängerte sich dieser Zeitraum bis Ende 2002 auf 15,5 Monate. Noch gravierender ist die Entwicklung laut Baaske bei Kindern zwischen sieben und elf Jahren. Hier dehnte sich die Phase von 10,9 auf 16,6 Monate aus.

Der Deutsche Kinderschutzbund befürchtet, dass sich die Lage der Kinder in Brandenburg durch die Zusammenlegung von Arbeitslosen- und Sozialhilfe vom 1. Januar 2005 an noch verschärfen wird. "Noch mehr Kinder werden dann unter die Armutsgrenze rutschen", sagte Sabine Bresche vom Landesverband. Die Folgen seien eine zunehmende Ausgrenzung - wenn Kinder etwa nicht an Schulfahrten teilnehmen können - sowie ein erschwerter Zugang zur Bildung. "Da fehlt dann einfach das Geld für ein neues Schulbuch", sagt Bresche. Aber auch mit einem Anstieg der Jugendkriminalität müsse durchaus gerechnet werden. Der Kinderschutzbund fordere daher eine Erhöhung des Kindergeldes auf 300 Euro.

Die Arbeiterwohlfahrt erwartet dagegen, dass die Auswirkungen von Hartz IV nicht so schlimm wie befürchtet werden. "Wenn an dem Gesetz noch gefeilt wird, dann dürften sich die Zahlen der von Sozialhilfe abhängigen Kinder nicht dramatisch erhöhen", meint Landesgeschäftsführerin Brigitte Schnabel. Zur Bekämpfung der Kinderarmut gibt die Landesregierung nach eigener Darstellung 2004 unter anderem rund 150 Millionen Euro für Arbeitsmarktförderung aus, darunter 15 Millionen für das Programm "Arbeit statt Sozialhilfe". *dpa*

http://morgenpost.berlin1.de/archiv2004/040808/brandenburg/story695785.html

Immer mehr kinderreiche Familien in der Armutsfalle

Zahlreiche Kinder leben von Sozialhilfe. Eltern versuchen dennoch, die Wünsche des Nachwuchses zu erfüllen und stürzen sich dafür in Schulden. Der Kinderschutzbund fordert eine Erhöhung des Kindergeldes.

Schwerin (dpa) Immer mehr Kinder in M-V gelten als arm. Neun Prozent der unter 15-Jährigen leben von Sozialhilfe, bei den unter Dreijährigen sind es sogar 19 Prozent. 1995 waren es nach Angaben des Statistischen Landesamtes noch 4,1 Prozent der Kinder. „Mit der Umsetzung von Hartz IV ist eine weitere Verarmung von Kindern abzusehen", sagte die Sprecherin der Landesarmutskonferenz, Sieglinde Scheel. Nach Angaben der Konferenz, der Spitzenverbände der freien Wohlfahrtspflege und der Kirchen angehören, werden in M-V 185 000 Menschen Arbeitslosengeld II beziehen. 51 Prozent von ihnen würden künftig weniger Geld bekommen, jeder Fünfte gar nichts mehr.

Von Armut betroffen sind dem Kinderschutzbund zufolge vorrangig kinderreiche Familien und Alleinerziehende. „Die Familien versuchen jedoch alles, um die Armut zu verstecken", sagte der Vorsitzende des Kinderschutzbundes M-V, Holger Lindig. Den Kindern werde alles gegeben, „Markenklamotten" würden angeschafft, Schulden gemacht. Äußerlich ergebe sich damit ein schiefes Bild von Sozialhilfeempfängern, sagte Lindig. Die Kinder lägen im Trend, hätten aber oft kein Mittagessen.

Ein Mittagessen für 30 Cent bekommen täglich etwa 20 Mädchen und Jungen im Kinderhaus im Schweriner Plattenbaugebiet Großer Dreesch. „Der Bedarf wäre weitaus größer", sagte die Leiterin des Hauses, Bärbel Schirrmacher. „Aber die Kapazität und die Spenden sind beschränkt."

Kinder aus armen Familien sind dem Kinderschutzbund zufolge häufiger krank und in den Schulen oft Problemkinder. „Nichts ist so nachhaltig in ihrer Wirkung wie Kinderarmut", sagte die Chefin der PDS-Landtagsfraktion, Angelika Gramkow. Aus dieser Falle auszubrechen gelinge nur selten. Mit Hartz IV würden weitere Verarmung und soziale Not in Kauf genommen. Es sei ein Skandal, dass Sparguthaben von Kindern herangezogen werden sollen.

Demgegenüber meinte der sozialpolitische Sprecher der CDU-Landtagsfraktion, die Diskussion über die Sparbücher verdecke die Realität. „Wo gibt es Familien, in denen ein Kind bis 14 Jahre über ein angespartes Guthaben in Höhe von über 750 Euro verfügt?" Im Durchschnitt seien auf den Sparbüchern der 6- bis 13-Jährigen 485 Euro. Daran habe sich der Gesetzgeber orientiert. Der Kinderschutzbund fordert, das Kindergeld auf 250 Euro zu erhöhen und die staatlichen Vorschüsse für Unterhalt von derzeit sieben auf zwölf Jahre zu verlängern.

http://www.ostsee-zeitung.de/po/start_167819_1313694.html